池田大作先生ご夫妻

未来の翼

世界が君を待っている

目 次

1. ロサンゼルスの道
   人生は夢をかなえるドラマなり————— 6

2. ニューデリーの虹
   苦も楽も 青春勝利の光彩————— 18

3. ブラジルの花
   朗らかな人に勝利は輝く————— 30

4. イギリスの城
   人格光る紳士たれ！淑女たれ！————— 42

5. 不屈の都 モスクワ
   君よ、貴女よ、負けじ魂の名優たれ！ 54

6. カナダの滝
   今日も一歩前進！明日の勝利へ————— 66

7. ネパールの頂
   君よ、粘り強く最高峰の青春を————— 78

8. 中国・桂林の山河
   古い友人を大切に新しい友をつくろう——— 90

9. バンコクの河畔で
   真面目な人が勝利の笑顔を広げる人——— 102

10. スイスの旗
    後継者とは「学び続ける人」なり————— 114

11. アンデス越えたり
　　「学べ勝ち抜け　世界まで」————— 126

12. 韓国・済州島の「宝の海」
　　冬は必ず春に！ 君の前途は洋々たり ——— 138

13. メキシコの空港
　　夢への飛翔は「今ここから！」————— 150

14. スペインの石垣
　　一人の大情熱が時代を動かす————— 162

15. ウィーンの街角
　　心に「平和のフォートレス（要塞）」を ——— 174

16. 獅子の国　ブルガリア
　　「学」こそ 創価の魂なり！ ————— 186

17. 天空輝くアメリカ・シカゴ
　　君よ 後継の誓い胸に飛翔を ————— 198

〈付録〉

ロサンゼルスの道（英文）————— 212

ＳＧＩ各国で読まれている未来部向けの新聞・雑誌 ——— 220

《凡例》
一、本書は、「未来ジャーナル」に連載された「未来の翼　世界が君を待っている」（2014年4月1日付〜2017年3月1日付）から17編を抜粋し、著者の了解を得て、一部、加筆し、『未来の翼』としてまとめました。
一、御書の御文は、『新編　日蓮大聖人御書全集』（創価学会版、第275刷）に基づき（御書○○ᵈ）で示しました。
一、編集部による注は（＝　）と記しました。
一、引用・参考文献は、各編末にまとめて表記しました。
一、肩書、名称、施設名等については、掲載時のままにしています。

1. ロサンゼルスの道

人生は夢をかなえる
ドラマなり

　それは、どこまでも続く、夢と希望の道です。

　はるか太平洋の彼方から、快活に押し寄せる白波。宇宙の果てまで突き抜けるような青空——。

　人々が憩うビーチも、緑と茶色の山々も、さっそうと駆け抜ける車の車体も、全てが明るく照り輝いています。

　この太陽の讃歌にあふれる道は、私がアメリカ西海岸のカリフォルニア州ロサンゼルスを訪れた際に、いつも通る道です。潮風を切って走る車の中で、私は思わずカメラのシャッターを切りました。

　私にとってアメリカは、恩師・戸田城聖先生に託された「夢」の第一歩をしるした国です（1960年10月）。以来、54カ国・地域を訪問し、友と語り、平和の種を蒔き続けてきました。

　恩師には、壮大で崇高な「夢」がありました。それは、「この世から『悲惨』の二字をなくす」という、「世界広宣流布」

陽光輝くロサンゼルスの海岸線沿いを走る車中から（1990年2月、池田先生撮影）。先生は、この道を通って友のもとへ。平和の波を広げ、文化の光を送り、教育の城を築いてきました

人生は夢をかなえるドラマなり

の夢です。

いつの旅でも、どこの国を訪れても、私の胸には、恩師の言葉が響いていました。

「大作、世界へ行くんだ。私に代わって!」

私の世界への旅は、師の夢をかなえる「後継の旅」です。世界広布の夢を広げる「平和の旅」です。

そして今、君と私の夢を開く「新たな師弟の旅」が始まります。

さあ、一緒に旅に出よう! 心に大きな「未来の翼」を広げて!

✈ ✈ ✈

「夢を描くこと」そして「夢に挑戦すること」は、人間ならではの権利であり、なかんずく青年ならではの特権でしょう。

ロサンゼルスは、人々が夢を追って集い来た自由の天地です。

カリフォルニア州には、「ゴールデン・ステート(黄金の州)」という呼び名もあります。かつて、この地で金が採れたため、多くの人が一気に入植し、街を発展させていったからです。「カリフォルニアの過去がアメリカの未来だ」とも言われています。

今も昔も、「フロンティア・スピリット(開拓者精神)」にあふれる人たちが住む「夢の舞台」——世界都市ロサンゼルスは、

8 1. ロサンゼルスの道

まさにその中心です。

　ロサンゼルスを、私はこれまで何度も訪れてきました。この地は私にとって「黄金の人材」が輝きわたる希望の都なのです。

　1974年の4月1日、カリフォルニア大学ロサンゼルス校（UCLA）で講演をした時のことを、私は懐かしく思い起こします。時差のある日本では、戸田先生の祥月命日である4月2日のことでした。

　青春時代、私は、お仕えする戸田先生の事業を支えるため、大学に行くことを断念しました。しかし、先生は、「最優秀の教育を授けたい」と、最初は日曜日ごと、やがて平日の朝も使って、万般の学問の個人教授を続けてくださったのです。

　この「戸田大学」の卒業生の誇りも高く、師から教えていただいた生命尊厳の哲理を、若き知性に伝えたい——講演は、師匠の夢の実現であり、師匠を宣揚する言論の戦いでした。

　私は講演で、仏法の生命観を通して、「21世紀を生命の世紀に」と提唱しました。

　進取の気性に富む英才たちは、実に真剣に聴いてくれました。終了後には、多くの学生が壇上の私の前に駆け寄ってきました。

　仏法の人間主義の哲学を、世界の若き知性が求めている。この姿を戸田先生がご覧になったら、どれほど喜ばれるだろうか

人生は夢をかなえるドラマなり　9

——私は、汗を拭うのも忘れ、一人また一人と固い握手を交わしました。

この時を第1回として、恩師の心を携えながら、私が、海外の大学・学術機関から招へいを受けて行った講演は、32回を数えます。

✈ ✈ ✈

「まず、やってみよう」と挑戦する勇気の青春たれ

「人生というのは、夢を見るためにあるのよ。それをつかむ勇気と意志を持っているかどうかなのよ!」

これは、私の忘れ得ぬ友人である、ロサンゼルスのトム・ブラッドレー市長のお母さまの言葉です。

ブラッドレー市長も、私が講演したUCLAに学んだ一人です。全米屈指の大都市ロサンゼルスで、アフリカ系アメリカ人として初めて市長になった方です。

最初の出会いは、講演の翌年の1975年の1月。高層ビル群を一望する市庁舎でした。

部屋に入ると、長身のブラッドレー市長が、満面の笑みで迎えてくださいました。

穏やかな語り口。飾らない率直さ。どこまでも謙虚な立ち振る舞いに、幾多の苦難に磨き抜かれた人格が輝いていました。

ブラッドレー市長の祖父は、かつて奴隷の境遇にあった方で

10 1. ロサンゼルスの道

ようこそ、市庁舎へ！ ──池田先生を、2メートルを超える長身のブラッドレー市長（右端）が歓迎。先生にはロサンゼルス市の「名誉市民証」が贈られました（1975年1月、同市庁）

人生は夢をかなえるドラマなり　*11*

す。父親は貧しい小作農で、その息子である市長も、小さい時から綿花畑で働かねばなりませんでした。市長が未来部の皆さんと同じ年代のころは、まだまだ人種差別が色濃く残っていました。

大学進学は夢のまた夢でした。市長は学校の教員に、「大学など行けるはずがない、仕事をした方がいい」と言われたそうです。

それでも、あきらめませんでした。「人生は夢を見るためにある」――お母さまの言葉が、市長を支える信念となっていたのです。

努力に努力を重ねて、ついにUCLAへの進学を果たしました。その後、21年間、ロサンゼルス警察で働きます。さらに市議会議員を務め、市長に立候補して、2度目の挑戦で当選したのです。

市長は、もともと警察官になることを希望していたわけではありません。周囲の勧めもあり、とにかく試験を受けてみたそうです。そこから道が開かれました。

目の前の課題に、一生懸命、取り組む。〝何事も、とにかくやってみよう〟と挑戦する。たとえ夢がはっきりと見えていなくたって、かまいません。

努力は絶対、無駄にはならない。ベストを尽くす一歩一歩が、必ず夢に向かって前進する栄光の道となるのです。

その道の途中では、迷うこともあるでしょう。でも、焦る必要はありません。遠回りしたとしても、新しい発見をするチャンスととらえて、周りの景色を楽しめばよい。そのうちに、もっとすばらしい道が見つかったり、新たな夢の目的地が見えたりすることもある。

✈ ✈ ✈

失敗を恐れるな！
「いつか必ず」という不屈の意志を！

大事なのは、失敗を恐れない勇気を持つことです。「いつか必ず夢をかなえてみせる」という不屈の意志を持ち続けることです。

大きな夢だけが、夢ではありません。みんなが日ごろ目標にして、願っていること、頑張っていることを、思い浮かべてみてごらん。

「成績を上げたい」

「部活でレギュラーになりたい」

「海外に留学したい」

「友達と仲良くなりたい」

「家族の病気が治ってほしい」

どれも、大切な「夢」です。

人生は夢をかなえるドラマなり　13

夢の〝種〟は身の回りにあふれている。だから毎日、真剣に祈って、夢を見つける努力をしよう。

　夢をかなえる挑戦をしよう。

　皆さんが将来、ロサンゼルスを訪れる時に、まずロサンゼルス国際空港に降り立つでしょう。その国際線ターミナルの名は、「トム・ブラッドレー国際ターミナル」です。ブラッドレー市長の胸像が立っています。市長は今も変わらず、世界中の人々を、あの満面の笑みで迎えているのです。

　皆さんの心にも、きっと「さあ、夢を見よう！」と呼びかけ

ロサンゼルス近郊のオレンジ郡にアメリカ創価大学（SUA）のキャンパスが広がっています

14　1. ロサンゼルスの道

てくれるに違いありません。

　アメリカ公民権運動の母ローザ・パークスさんも、私がロサンゼルスでお会いした大切な宝の友人です。
　「私には夢がある」という演説で有名な指導者マーチン・ルーサー・キング博士と共に、人種差別撤廃のために戦った女性です。
　何の罪もなく、ただ黒人だというだけで差別され、いじめられました。公共のバスの中でさえ、自由に座ることを許されなかった社会で、勇気に燃えて、正義の声をあげ、歴史を大きく変えたのです。
　パークスさんは、未来を担う少女に、こう語りかけています。
　「あなたも、自分自身を信じることによって希望の灯火を燃やし続けることができるのです。あなたが、自分自身と未来に対し、希望をいだき続けるならば、きっと、世界をもっと住みやすい場所にすることができるはずです」
　たとえ君が、あなたが、壁に突き当たり、窮屈な思いをしていても、夢を世界に広げれば、そこに希望は生まれる。希望がある限り、夢の道は永遠に続いていきます。
　世界をもっと良い場所に！　——この夢に生きたパークスさんは、アメリカ創価大学（SUA）にも大きな期待を寄せ、励ま

人生は夢をかなえるドラマなり　*15*

しの手紙を送ってくださいました。

　ロサンゼルス近郊のオレンジ郡にあるSUAは、平和のために闘う世界中の人たちの夢の結実です。各国から最優秀の若き世界市民が集い、平和への夢の大道を歩んでくれています。

　私の心も、日々、この希望の光に満ちたキャンパスで向学と使命の青春に生きる学生たちと共にあります。世界中で奮闘する卒業生と共にあるのです。

　これから、皆さんの中から、また皆さんの仲間から、SUAに進んでくれる英才が、たくさん出ることを、私は楽しみにしています。

✈　✈　✈

　青春の道は、日差しが爽やかな快晴の日もあれば、荒れ狂う嵐の日だってある。

　その試練の時に、力となるのは、共に支え合って前進していく善き友の存在です。

　日蓮大聖人は、「仏になるみちは善知識にはすぎず」（御書1468㌻）と仰せになられました。

　仏になる道においては、何よりも善き友の存在が重要であると説かれているのです。

　大いなる夢を掲げて、善き友と励まし合って歩むならば、決して行き詰まりません。

16　1. ロサンゼルスの道

皆さんには、未来部の担当者という、どんな時も善き味方となって、一緒に祈り、相談に乗ってくれて、真心から応援してくれる先輩方もついています。

　私が青春時代に愛読した一人に、アメリカの民衆詩人ホイットマンがいます。彼の詩集『草の葉』にある「大道の歌」には、高らかに詠われています。

　「出かけよう、道はぼくらの前にある」

　青春の理想へ、人生の勝利へと続く大道は、今、皆さんの目の前に開けています。

　それは、果てしない理想の高みへと通ずる使命の道です。

　どんなに険しい峰が立ちはだかったって、絶対に大丈夫です。

　皆さんには——

　可能性を無限に発揮しゆく「夢の翼」があるからです。

　何ものにも負けない「希望の翼」があるからです。

　そして、世界に羽ばたく「未来の翼」があるからです。

※ローザ・パークスの言葉は『ローザ・パークスの青春対話』高橋朋子訳（潮出版社）。ホイットマンは『草の葉（上）』酒本雅之訳（岩波文庫）。

人生は夢をかなえるドラマなり　17

2. ニューデリーの虹

苦も楽も
青春勝利の光彩

　虹は、天空が贈ってくれる喜びの笑顔であり、希望の笑顔です。

　悠久の大国インドの首都ニューデリーで、天が見せてくれた二重の虹も、会心の〝笑顔〟でした。

　西には黄金の夕日が輝き、東には深緑の大地から七彩の虹が光の弓のように湧き立っていました。

　1997年10月19日、私は、インドのラジブ・ガンジー首相の写真展の開幕式に出席しました。

　式が始まる直前、この季節のニューデリーにはめずらしく、にわか雨が降り始めました。ほこりっぽい空気が慈雨で清められ、一陣の風が大地を駆け抜けると、あたりはぐっと涼しくなりました。

　来賓の方々と、「雨は、きっと喜びの雨でしょう」と語り合ったことが懐かしく思い出されます。

インド・ニューデリーにかかった二重の虹（1997年10月、池田先生撮影）。「ラジブ・ガンジー写真展」の開幕式の終了後、インドの未来を象徴するかのように、天空に輝きを放ちました

大きな二重の虹を見たのは、式典を終えて、宿舎に戻ったばかりの時でした。壮大なる天空の芸術に、手元のカメラのシャッターを切りました。

　実は、この前の日、私は、もう１つの虹に心をはずませていました。インド創価学会の文化祭の最後の演目で、未来部の友が元気いっぱい舞台に躍り出てきた姿に、「希望の虹」を見たのです。

　インドの無限の未来が、輝きを放っていました。

　７色の虹は、「多様性」や「共存」の象徴ともいわれます。
　亡きラジブ首相が撮影した写真には、インドの大地を彩る、その多様性の共存が、鮮やかに映し出されていました。

　浜辺で砂遊びをする少女、遊牧民の少年、市場で店を構える商人、じゅうたん織りの職人—— 一葉ごとに民衆を愛する心があふれていました。まさに虹のように多彩に輝くインドの躍動がありました。そこに写っている誰一人が欠けてもインドではないという、断固たる信念が光っていたのです。

　また、牙をむいて威嚇するトラ、建設現場での人々の暮らし、演奏会の舞台裏、色とりどりのシルクのパラソル——生活の中で見たもの、触れたものを、飾らず、素直な心で、ラジブ首相はカメラに収めていました。

〝格好なんてつけなくていいんだ。ありのままの自分で光っていくんだよ〟と、写真は語りかけてくるようでした。

インドには、4000年以上も前から文明が発達し、長い歴史のなかで、多様な民族、そして宗教が存在してきました。

現在、公用語はヒンディー語ですが、インドの紙幣には、17もの言語が印刷されています。〝車で1時間ほど走れば異なる言語が飛び交う〟と言われるほど、多言語であり、多民族が共存する国なのです。

みんなの中には、「これだけ『違うもの』が一緒になると、うまくやっていけないのでは？」と考える人もいるでしょう。

もちろん、対立もあれば、衝突もあります。それでもインドは、幾千年の歴史の中で、民族や宗教や言語の違いを残しつつ、「精神の統一」を生み出してきました。

インドの広大な大地は、人々に大きな心を育んできたのです。

皆さんのクラスや部活にも、いろいろな人がいるでしょう。育った環境も違えば、性格が合わない人もいる。でも、皆が同じような人ばかりだったら、どうでしょうか。こぢんまりと、まとまっても、おもしろくないでしょう。

むしろ違っていいのです。違うからこそ、触発があり、新た

苦も楽も 青春勝利の光彩

な発見があり、自分にどんな個性があるのかも分かる。いろんな人がいるから学び合えるし、互いに成長できる。大きな心で違いを認め、包み込んでいけばいいのです。

しかし人間は、「違い」ゆえに、人を差別し、分かり合えないと決めつけるクセがあります。

インドの大地で悟りを開いた釈尊は、「私は人の心に見がたき1本の矢が刺さっているのを見た」と説きました。

私は、アメリカの名門ハーバード大学で行った講演で、この「見がたき1本の矢」を、「差異（違い）へのこだわり」であると論じました。

自分の心に突き刺さった「1本の矢」を抜き去り、同じ人間として相手と向き合ってこそ、心と心の間には、美しい「友情の虹」がかかります。

世界の平和とは──この「友情の虹」を、自分から友だちへ、周囲の人々へ、1本また1本とかけていく挑戦の中に輝くのです。

「差異」は、地球を平和で包み、幸福で彩る「彩」へと変えられる。その力が、皆さんの中にあることを、断じて忘れないでください。

仏法は「本因妙」。「さあ今から」「これからだ」と前進する希望の哲学

「傷つくことを恐れてはいけません。世の中はさまざまな痛みであふれていますが、それらに立ち向かってこそ、強く勇敢になって、偉大なことを成し遂げられる自分になるのです」

これは、ラジブ首相が少年のころ、大好きなお母さまに言われた言葉です。

私がラジブ首相と東京でお会いしたのは、1985年11月。お母さまのインディラ・ガンジー首相が暗殺され、その後を継いで首相に就任して1年後のことでした。

明るい笑顔。毅然とした振る舞い。不屈の信念と誠実さが伝わってきました。会見はこの1度だけでしたが、首相が「青年こそ未来そのものです」と語った声は、今も私の胸に響いています。

ラジブ首相は、もともとパイロットでした。しかし、お母さまの言葉を心に刻み、苦難を恐れず、政治の世界に飛び込んだのです。

ある時、〝好きだったパイロットの仕事をやめた気持ちは？〟と聞かれた時、こう答えました。

「どんな仕事をしていても、満足するかどうかは自分の手の中にある。一つのことを決定したあと、前のことで後悔することは、良いことではないし、私は後悔はしていない。また、私

苦も楽も 青春勝利の光彩　*23*

インドのラジブ・ガンジー首相と（1985年11月、東京都内）。首相は会見を終えて、「本当の日本人に会った」と感銘を語りました

は後悔する暇もない」

　信念に生き抜く人に、後悔はありません。いわんや、偉大な仏法を持った皆さんには、後悔なんて必要がない。仏法は「本因妙」といって、常に「さあ今から！」「これからだ！」と、前へ前へ進んでいく希望の哲学だからです。

　青春の力は無限です。失敗も、苦難も、悩みも、すべてをわが成長の力に変えていける。

　英語で「虹」は何と言うかな？

そう、「レインボー（Rainbow）」だね。

　単語を見てみると、そのなかに、「雨（Rain）」が入っています。まさに、「雨が降るから、虹がかかる」のです。

　青春の日々だって、同じです。勉強が大変。友だちのことで悩む。部活が思うようにいかない。自分の性格がイヤだ……そうして流した心の涙や、努力の汗は、すべてみんなを彩る7色の虹となる。

　青春の悩みや労苦は、全て自身を限りなく成長させてくれる〝恵みの雨〟にできるのです。

　そして、虹が輝くためには、太陽の光が必要です。

　日蓮大聖人は、「苦を苦と悟り、楽を楽と開いて、苦しくても楽しくても南無妙法蓮華経と唱えきっていきなさい」（御書1143ジ、通解）と、苦難に立ち向かう弟子を励まされています。

　題目を唱えれば、自分の長所も短所も、喜びも悲しみも、苦

苦も楽も 青春勝利の光彩　25

しみも楽しみも、一切を最善の方向へと生かしていくことができる。

どんな時でも題目を唱える人は、わが心の大空に悠然と太陽を昇らせて、必ず「勝利の虹」をかけることができるのです。

私がインドの大地を初めて踏みしめたのは、1961年2月のことでした。この時、釈尊が悟りを開いたブッダガヤを訪れました。

その後、1979年2月の訪問では、40人のインドのメンバーとお会いし、こう申し上げました。

「ガンジス川の悠久の流れも一滴から始まります。と同じく、今はメンバーは少なくとも、自身がその一滴であるとの自覚で、洋々たる未来を信じて前進していきましょう」

友と語り合った4日後の2月11日、恩師・戸田城聖先生の誕生日の夜には満月が出ました。

戸田先生のお写真を側に置き、「月氏の国（インド）」の果てまで幸福の光を広げたいとの師の願いを胸に、インドの友の栄光の未来を、私は強盛に祈りました。

次にインドを訪れたのは1992年の2月。日蓮大聖人の御聖誕770周年である16日は満月でした。この日、私はインドの友と質問会を開きました。

瞳を輝かせるインドの未来部員（2019年2月、デリー）

　一人のメンバーが、遠慮がちに手を挙げて、質問してくれました。
　「周りの皆さんは『雄弁』や『知性』『慈愛』を目標にがんばっていますが、私にはなかなかできません」
　真剣な悩みでした。ゆえに私も真剣に、真心込めて答えました。
　「ありのままの自分でよいのです。題目をあげきりながら、

自分らしく、伸び伸びと進んでいけばよいのです」

「ありのままの〝凡夫〟そのもので進んでいく。題目根本に、少しずつでも向上していく。これが正しい姿であり、人間らしい生き方ではないでしょうか」

キラキラとはじけるような友の笑顔を、よく覚えています。

虹は、太陽の光が空気中の水滴に当たり、屈折して分解され、7色に見える現象です。1色に見える光の中に7色があるのです。

私たちもまた、ありのままの自分の中に、色鮮やかな人間の輝きが秘められています。ゆえに、飾らず、誠実に接していけば、その輝きが友の心に映るのです。自分らしく真剣に向上しゆく姿が信頼を広げ、友情を広げるのです。

こうしてインドの広宣流布は、進んでいきました。インドでは、急速に人間主義の連帯が広がっています。一滴の水は、悠久の大河となって未来へと流れています。(現在は、21万人のメンバーになり、半数は青年部です)

ありのままの自分で
題目をあげきり伸び伸びと進め

2014年3月、ニューデリー近郊の創価菩提樹園で青年大会が開かれ、未来部、青年部の友らが見事な歌声を披露してく

れました。

　君たちと同年代の若き友が、口々に、師弟に生きる誇り、仏教発祥の国の広宣流布への誓いを述べていたと伺いました。

　この様子を戸田先生がご覧になったら、どれほど喜ばれるだろうか──私の胸は熱くなりました。インド独立の大英雄マハトマ・ガンジーも、あの人なつこい笑顔で見つめておられるでしょう。

　マハトマは、言いました。

　「成さねばならないことを何があっても成すということが、『誓い』なのです。それが、強さの砦になるのです」

　「誓い」は力です。自分の中に秘められた輝きに、強さに、智慧に、何倍もの力を与えてくれます。

　世界には、あの地この地に、「誓いに生きる」友がいます。

　皆さんが、その友とスクラムを組み、世界に「平和の虹」をかける日を、私は祈り、待っています。

※ラジブ・ガンジーの言葉は、シバサンカリ著『ラジーブ・ガンディーの旅』本田史子訳（せせらぎ出版）。

苦も楽も　青春勝利の光彩　*29*

3. ブラジルの花

朗(ほが)らかな人に
勝利は輝く

「真実の友人がいれば、そこがふるさとである」

これは、私の大切な友で、ブラジルを代表する音楽家のビエイラさんと分かち合う信条(しんじょう)です。

ですから私には、「真実の友人」がいる日本中、世界中に「ふるさと」があると思っています。

中でも、底抜けに朗(ほが)らかな友人たちがいるブラジルは、大好きな大好きな「ふるさと」なのです。

✈ ✈ ✈

青空には、真白き大雲(たいうん)が悠然(ゆうぜん)とほほ笑み、緑の大地は、どこまでも雄大に広がっていました。花も木々も、そよ風と語らい、鳥も蝶(ちょう)も、喜び舞っていました。

1993年2月、私はブラジルSGI（創価学会インタナショナル）自然文化センターを訪れました。ブラジル最大の都市サンパウロ近郊でも、とりわけ景観が美しいといわれる森林地帯です。

30　3. ブラジルの花

サンパウロ近郊のブラジルSGI自然文化センターで、紫とピンク色の「クワレズメイラ」が美しく咲き誇っています(1993年3月、池田先生撮影)

朗らかな人に勝利は輝く

世界的な音楽家ビエイラ氏ご夫妻を歓迎(1993年2月、ブラジルSGI自然文化センター)。ビエイラ氏は先生のために「平和の曲『人間世紀の夜明け』池田大作讃歌」をはじめ、10をこえる曲を作って贈っています

　センター内には、蓮華(ハス)やヒマワリ、コスモスなど20種類以上の色とりどりの花々が咲き香っていました。メンバーの真心の作業で育てられたものです。

　アマゾン川の珍魚や、大西洋、カリブ海の30数種の魚も泳いでいました。ブラジルSGIでは、環境と人間の調和を目指して、研究拠点も設置しています。

　私は時間を見つけては、青年たちと、この花と緑の楽園を散策し、語り合いました。

まばゆいばかりの陽光に包まれ、ひときわ鮮やかに輝く一角がありました。紫とピンク色の花が美しいクワレズメイラの庭です。

　クワレズメイラは、ノボタン（野牡丹）科の花樹で、南米原産とされています。サンパウロの街を歩くと、あちこちに植えられていて、緑の葉の間から天に向かって、生命を爆発させるかのように開花します。

　英語では「紫の栄光の木」ともいわれる、この花の如く、わがブラジルの友は、幾多の嵐にも負けず、強く明るく晴れ晴れと、栄光の人生を歩んできました。

✈　✈　✈

大変であればあるほど大きく変わるチャンス。喜び勇んで立ち向かえ

　誰が見ていようといまいと、花は自分らしく思い切り、生命の讃歌を謳い上げます。ゆえに、花は周りに人を呼び、皆の笑顔をほころばせてくれます。

　同じように、朗らかな人は、周囲を笑顔にします。自然のうちに、快活さを伝え、挑戦の息吹を広げていくのです。

　朗らかな人には、かなわない。どんな苦難も、どんな障害も――。

　ブラジルには、「歌う者は、自分の不運を追い払う」とい

朗らかな人に勝利は輝く　33

う、ことわざがあります。

　誰だって、つらいことや悲しいことがある。だからこそ歌を歌って、陽気に笑い飛ばしていくのだ。希望がなければ、自分でつくればよいのだ――そんなブラジルの友の心意気が感じられる言葉です。

　ブラジルは、「未来の大国」といわれてきた南米最大の国です。

　その広大な国土と大自然、異なる多彩な人種の融合が織りなす世界に、多くの人々が魅了されてきました。私も、ブラジルの人々の優しさと強靱な楽観主義を、こよなく愛する一人です。

　2014年にサッカーのワールドカップも、ブラジルで開催されました。サッカー王国・ブラジルは、ボール1つで、どんな人とも友達になれるフレンドリーな国柄です。

　また、大勢の人が仮装し、サンバのリズムに合わせて踊り、行進するリオデジャネイロのカーニバルも有名です。

　1993年2月、リオの文化会館を訪れた時、ブラジルの友と共に「創価文化カーニバル」を開き、サンバの楽器を手に声援を送ったことも懐かしい。

　御書には、「大悪が起これば必ず大善がくる」「あなた方は何を嘆かれることがあろうか。迦葉尊者でなくとも（喜んで）舞でも舞うべきところである。舎利弗でなくとも、立って踊るべきところである。上行菩薩が大地から涌出された時には、踊り

34　3. ブラジルの花

ながら出られたではないか」（1300ページ、通解）とあります。

　仏法の眼から見れば、困難があるということは、必ず勝利できるという瑞相（兆し）なのです。

　だからこそ、大変であればあるほど、大きく変わるチャンスだと、力強く舞を舞うように喜び勇んで立ち向かっていく。これが、私たちの信心です。勇気ある信心が、最大のピンチを最大のチャンスに変えるのです。

　日蓮大聖人の御名前には、「日」という太陽と「蓮」という蓮華の花が入っています。

　太陽は最も明るい存在であり、蓮華は最も清らかな存在です。

　この日蓮仏法の真髄である題目を唱えていくならば、わが生命を太陽のように明るく輝かせ、蓮華のように清らかに咲き誇らせていけるのです。

　皆さんは「勝つため」に生まれてきました。唱題は、どんなに苦しいことがあっても、今日という日を生き抜き、勝ち切っていく原動力です。

　私は、試練と戦うブラジルの友と語り合いました。

　「自分が強くなる以外にない。自分が大木になれば、どんな大風も平気である。むしろ楽しんでいける」

朗らかな人に勝利は輝く　35

「私は、94年間も池田会長を待っていたのです」――94歳のアタイデ・ブラジル文学アカデミー総裁が出迎えました(1993年2月、リオデジャネイロの空港)

「目には見えないが、木は毎日、成長している。私どもの唱題も、目には見えないが毎日、自分自身を福運の大木へと育てている」と。

題目は「歓喜の中の大歓喜」（御書788㌻）です。その歓喜が、自身の生命を、大きく、また太く立派な大樹に成長させていくのです。その伸びゆく命には、あきらめや敗北はありません。どこまでも朗らかに、明るく悠々と、人生を勝ち進んでいけます。

朗らかな人が、最後に勝利する人なのです。

私が敬愛してやまぬ大先輩に、ブラジル文学アカデミーのアタイデ総裁がいます。新聞記者として正義のペンを振るい、独裁政権から投獄・国外追放される迫害にも屈しなかった言論の闘士です。

さらに、「すべての人間は、生まれながらにして自由であり、かつ、尊厳と権利とについて平等である」と謳った国連の「世界人権宣言」の起草にもブラジル代表として尽力し、世界から仰がれた生命尊厳の賢者でした。

総裁とお会いしたのは1993年2月、リオデジャネイロでのことでした。94歳というご高齢にもかかわらず、わざわざ私を空港まで迎えにきてくださいました。

出会った瞬間、「力を合わせて、人類の歴史を変えていきましょう！」と語り合ったことが、今でも鮮やかに蘇ります。

朗らかな人に勝利は輝く　37

総裁は、親孝行の人生を歩んでこられた人です。

　「人権」といっても、「人間」を大切にすることから始まります。その出発は親孝行なのです。

　総裁は振り返られていました。

　「母は陽気で笑いを絶やさない人でした」

　「母をたくましくしたのは、12人の子どもたちをはじめ、その倍以上の数の孫や、見知らぬ他人の子どもたちを育て、生きる喜びを与えることを、自分の最大の喜びとし続けてきたからだと思う」と。

　地域の人たちに尽くし、幸福の花束を贈る、皆さんのお母さん方と二重写しに思えてなりません。

　生きる喜びを与えることを、自分の喜びにしていける人は幸福です。その人には、本当の朗らかさ、明るさ、そして強さがあります。

　幾多の苦難を乗り越え、人のために戦い続けたアタイデ総裁は、何ものにも揺るがぬ巌のような、信念の方でした。それとともに、破顔一笑、笑顔が素敵な方でもありました。青年と語り合うことをこよなく愛した総裁の一言一言は、強き楽観主義に貫かれ、ユーモアにあふれていたのです。

　アタイデ総裁は、「どんな悪状況でも、未来を信ずること

だ」と常に語っていました。

　あまりにも大きな困難を前にして、未来なんか信じられない、という時があるかもしれない。

　しかし、絶対にあきらめてはいけない。そんな時こそ、題目を唱(とな)えて、自分で自分を励ますのです。自分にしかない使命を信じ、未来を信じ抜くのです。

　その人が苦悩の暗雲を吹き払い、心に太陽を燦々(さんさん)と輝(かがや)かせ、周囲を照らすことができる。その君たちの「信じる力(ちから)」が、全人類の希望の光となるのです。

　ブラジルの作家で、文学アカデミーの会員でもある巨匠(きょしょう)パウロ・コエーリョは言います。

　「一つだけ忘れないで欲しい。あなた方はみんな、自分で思っているよりも、ずっとすばらしいということを」

　たとえ、君たちが自分自身を信じられなくとも、私は君たちを信じています。皆さんには、お父さん、お母さん、そして創価家族の同志が、ついています。だから、あせらず、堂々と、悩みを笑い飛ばしながら、進んでいこう！

　私がブラジルを初めて訪れたのは1960年10月。初の海外への平和旅の折でした。2回目は1966年。さらに1974年にも訪れようとしましたが、当時、ブラジルは軍事政権下であ

朗らかな人に勝利は輝く　*39*

ったため、入国のビザ（査証）が発給されず、断念せざるをえませんでした。

　ブラジルSGIの草創の友は、事実無根の誹謗や中傷の嵐の中、歯を食いしばり、社会に貢献し、一人また一人、信頼と幸福の連帯を広げてきました。

　「ムイト・マイス・ダイモク！（もっと題目を！）」を合言葉に、日本の約23倍という広大な大地のすみずみにまで、妙法という平和と幸福の種子を蒔いていきました。

　1984年、ついに18年ぶりの訪問が実現しました。「ブラジル大文化祭」の会場で轟いた、「ピケ！　ピケ！」との2万人の王者の勝ちどきは、今も私の耳の奥から離れることはありません。

　私は、「師匠・戸田城聖先生とともに」との思いで、毎回、この国を訪れました。4度目の訪問は、1993年2月から3月にかけてです。

　戸田先生の生誕日にあたる2月11日には、リオの地で、小説『人間革命』の全12巻完結の「あとがき」を次のように記しました。

　「私のなすべきことは、恩師に代わって、『世界の平和』と『人類の幸福』のために戦い、生き抜き、この世の使命を果たしゆくことと思っている。それが、弟子としての報恩の道であり、先生が開き示された人間革命の道であるからだ」

40　3. ブラジルの花

師弟の誓願に生き抜く時、いかなる烈風も恐れずに、朗らかに前進する勇気が、心の底から湧き上がってきます。

　その精神を今、王者ブラジルの若き友が受け継いでくれていることを、私は何よりもうれしく思います。

　ブラジルのベリッシモという作家は、「世界は広い。僕たちが見るべき、やるべき価値のあるものが世界には、溢れ返っているんだよ」と呼びかけました。

　その通りです。

　皆さんは、心広々と世界から学びに学び、語学の力も楽しく身につけていってください。そして、ブラジルをはじめ、世界に友情の花を咲かせ、平和のスクラムを広げていただきたいのです。

　この地球という星を、真実の友人が、たくさんいる、皆さんの「ふるさと」として！

※パウロ・コエーリョの言葉は『第五の山』山川紘矢・山川亜希子訳（角川書店）。ベリッシモは『遥かなる調べ』伊藤奈希砂訳（彩流社）。

4. イギリスの城

人格光る紳士(ジェントルマン)たれ！
淑女(レディー)たれ！

　私の師匠である戸田城聖先生は「城」がお好きでした。ご自身の名前にも、城の字が入っています。

　先生が私にくださった雅号（詩歌等で使う別名）も「大城」です。

　第2次世界大戦後、焼け野原に一人立った戸田先生は、民衆の幸福と正義の城を、生命尊厳の哲学の城を敢然と築き始めました。

　そして、この城を断固として守り、世界中に平和と文化と教育の大城へと広げていくことを、私たち青年に託されたのです。

　1989年5月、ロンドンから西に40キロほど離れたテムズ川のほとりの小高い丘の上に、その城はオープンしました。イギリスSGIの「タプロー・コート総合文化センター」です。

　みずみずしい緑の木々に包まれて、本館のレンガの赤い色が

42　4. イギリスの城

ロンドン郊外の小高い丘の上に立つタプロー・コート総合文化センターの本館(1994年6月、池田先生撮影)

人格光る紳士たれ！ 淑女たれ！ 43

鮮やかに輝き、とがった屋根の上を仰ぎ見れば、抜けるような青空が広がっていました。

私が到着すると、早速、愉快な語らいが始まりました。

洗練された振る舞いと明るいユーモアが光るジェントルマン（紳士）、レディー（淑女）たちです。

瞳輝く未来部の友もいました。私は、その手を取り、真心で整備された美しい花々の庭を、一緒に楽しく散策しました。

以来、私はイギリスを訪問するたびに、タプロー・コートで、未来部の友と黄金の出会いを重ねてきました。そのメンバーが、今、立派な若きリーダーと成長して、大活躍してくれています。

ここは、まさしく人材を育む「希望の城」であり、「未来の城」なのです。

タプローの丘には湧き水があり、少なくとも2000年前から人々が住んでいたといいます。センターの敷地内には、1400年前の古墳も見つかっています。

19世紀の半ば、それまでの古い館が、現在見られるビクトリア調のゴシック様式といわれる華麗な建物に改装されました。幾何学模様の庭園や南北に続く杉の並木道も見事です。

イギリス王室の居城であるウィンザー城からほど近いタプロ

ー・コートは、多くの賓客たちが集う社交場として、にぎわいました。

「ウィンザーで馬を借りれば、黙っていてもタプローに向かう」といわれていたほど、タプロー・コートは人々に親しまれ、愛されてきたのです。

イギリス王室や各国の王家の賓客、そしてキップリングやオスカー・ワイルドといった著名な詩人・作家も訪れました。タプロー・コートは、歴史とロマンの薫りあふれる「文化の城」なのです。

いつの日か、皆さんも、お父さん、お母さんを連れていってさしあげてください。

有名なチャーチル首相も、タプロー・コートをこよなく愛した一人です。文化センターには、首相が植樹した杉の木が、その個性的な枝ぶりを誇っています。

「われわれの将来は自らの手の中にある。われわれの選択したものによって　人生は作られるのだから」

これは、非道なナチスから、どんなに攻撃されても戦い続け、祖国を守り抜いたチャーチルの信念が光る言葉です。

この名宰相の揺るぎない人生の根っことなったのは、何か？

それは、膨大な読書です！

チャーチルの愛読書は、長編の『ローマ帝国衰亡史』（ギボン著）だったといいます。歴史を深く学んだからこそ、大局観に

人格光る紳士たれ！　淑女たれ！　*45*

立って悠然と未来を見つめることができたのです。

チャーチルは、語っています。

「持っているすべての本を読むことができないなら　せめて手にとってその本に親しもう」

「本を生涯の友としよう。それが無理ならば、せめて知り合いくらいにはなるべきだろう」

まずは、家にある本でも、図書館に行って最初に目に飛び込んできた本でもいい。大切なのは、絶えず本を手にすることです。それは、新しい世界を手にしたことになります。

何が書いてあるのだろう——そのワクワク、ドキドキする心が、自身の可能性を開き、育んでいきます。本を開くことは、未来の扉を開くことなのです。

イギリスは、人権尊重の歴史を開いてきた国です。国王の権力を制限したマグナ・カルタ（大憲章）が作られたのは13世紀。現在でも、イギリス憲法を構成する法典として残っています。アメリカ合衆国憲法など、世界中に影響を及ぼしました。

また、産業革命の発祥の地であり、近代化を大きくリードしてきた国です。

その首都ロンドンは、世界の中心都市として歴史を刻み、人々を魅了し続けてきました。今、ロンドンに住む人々の3

分の１がイギリス以外で生まれた人たちです。伝統と先進性、そして、多様性が輝く世界市民の都なのです。

　20世紀の最も偉大な歴史家アーノルド・J・トインビー博士からお招きをいただき、私がロンドンのご自宅を訪れたのは、1972年5月のことでした。

　博士は83歳、私は44歳でした。人類が挑む諸課題を語り合うために、親子ほど年齢の離れた私を、博士は選んでくださったのです。対話は、翌年も博士のご自宅で行われ、2年越し40時間に及びました。

　さらに往復書簡を重ねて深めた内容は、対談集『二十一世紀への対話』（英語版『生への選択』）として出版。翻訳も進んで、現在までに世界28言語で発刊され、世界各国の大統領や指導者、文化人の方々が愛読してくださいました。「人類の教科書」とまで、称してくださっている方もいます（現在は世界29言語）。

　トインビー博士は、一生涯、学問に打ち込み続ける真情を、古代ローマの劇作家テレンティウスの言葉に託されていました。

　「私は人間だ。だから人間にかかわることは何一つ私にとって無縁とは思われぬ」と。

　苦しんでいる人が一人でもいる限り、働き続けるとの大情熱が、静かに、しかも熱く燃えている博士でした。

人格光る紳士たれ！　淑女たれ！　*47*

大切にしている言葉をお尋ねすると、即座に答えられました。

「ラテン語で『ラボレムス』──『さあ、仕事を続けよう』という意味の言葉です」と。

博士の年齢を超えた私も、日々、自らに呼びかけている言葉です。

✈ ✈ ✈

「何のために学ぶのか」 君よ、あなたよ、この1点を胸に進め！

トインビー博士の人生を支えた人たちがいます。母校オックスフォード大学の学友たちです。といっても、その多くが第1次世界大戦で若くして亡くなられました。博士は、たまたま疫病にかかり、兵役を免れたのです。ご自宅の暖炉の飾り棚には、20枚近い旧友たちの思い出の写真が大切に飾られていました。

「年をとるにつれて、戦争で犠牲となった彼らのことが、一層、強く思い起こされます。私がさまざまな機会に恵まれるたびに、彼らは、そうした機会が奪われ、早世したことを考えてしまうのです……」と、瞳を潤ませておられました。

亡き友の分まで学ぶのだ！

戦争や貧しさで、学びたくても学べない青年たちのために、

48　4. イギリスの城

20世紀の偉大な歴史家トインビー博士（左から2人目）と語り合う池田先生（1972年5月、イギリス・ロンドンの博士の自宅）。ベロニカ夫人（右端）と香峯子夫人が対談を見守りました

人格光る紳士たれ！ 淑女たれ！ 49

道を開くのだ！

博士にとって、学問は「友情の証し」でした。そして、「平和への闘争の出発点」だったのです。

ヨーロッパにはフランス語で「ノブレス・オブリージュ」という言葉があります。高貴な者に課せられる高い義務——すなわち、高い地位にあるものは、その分、大きな責任を負うという意味です。

指導的な地位や恵まれた立場にある人は、学問と鍛錬によって英知や勇気を磨き、自らが犠牲となってでも民衆に尽くしていくという伝統があります。

そして、こうした精神の源流には、〝指導者は、まず人として立派であれ〟という「騎士道（ナイトの精神）」が脈打っています。

トインビー博士は、その見事な体現者でした。

私との対談でも、「教育は、人生の意味や目的を理解させ、正しい生き方を見いださせるための探求でなければならない」と強調されていました。

日蓮大聖人は、「持たれる法が第一ならば、持つ人もまた第一なのである」（御書465ページ、通解）と教えてくださっています。

最高の生命尊厳の仏法を持ち、親孝行第一、友情第一、勉学第一で、未来に向かって進みゆく皆さんこそ、最高に高貴な青春を飾っているのです。

私は、トインビー博士の人生の原点となった母校オックスフォード大学も、愛妻のベロニカ夫人の母校であるケンブリッジ大学も訪れました。そのことを心から喜ばれる博士ご夫妻の笑顔が、忘れられません。

　オックスフォード大学の図書館で、私は芳名録に記しました。

　「教育は、書物は、個人の黄金の柱　社会の黄金の柱　人類の黄金の柱なり」

　個人のためにも、社会のためにも、そして人類のためにも「黄金の柱」となるのが、真の学問です。学べば学ぶほど、自分自身が輝くのです。

　「何のために学ぶのか」──若き創価のナイト、また、未来のレディーとジェントルマンの集いである未来部の皆さんは、この１点を忘れず、勉学に、読書に、青春の挑戦の日々を送ってください。

　それは、トインビー博士との対話の前年（1971年）の夏、静岡県で7000人の高等部員と夏季講習会を行っている最中の出来事でした。

　近くの朝霧高原でキャンプ大会を開催していた世界のボーイスカウトのメンバーが大型台風に襲われ、緊急に避難してくることになりました。私が陣頭指揮を執り、高等部の友と、

人格光る紳士たれ！　淑女たれ！　*51*

6000人の各国の少年たちを迎え入れたのです。

　歓迎の演奏をしてくれた音楽隊や鼓笛隊のメンバー、さらに通訳として大活躍してくれた英才たちを、私は誇らしく思いました。

　この時、最後に避難してきたのが、イギリス隊の少年たちでした。

「私たちは、最後で結構です。どうか、他の国の仲間をよろしくお願いします」と。

　私は、その勇気をたたえ、リーダーと固い握手を交わしたのです。少年の中に「人格の柱」を見た思いがしました。

　私は、イギリスの創価の青年たちに、一人の騎士の話をしたことがあります。

　──捕らえられた騎士が、「汝の城は、いずこにありや」と敵に聞かれました。〝すべてを失ったではないか〟と嘲笑されたのです。

　騎士は胸に手を当て、毅然と答えました。

「我が城は、我が胸中にあり」と──

　皆さんも、タプロー・コートのような、教養と人格光る「知性の城」を、確固たる正義の「信念の大城」を、自身の胸中に築いていただきたい。

52　4. イギリスの城

君の生命の価値も、あなたの人生の意味も、周囲に左右されるものでは断じてありません。

　揺るがぬ哲学で自己を磨き、「何のために」「何をするか」が大事なのです。

　世界の友と共に、正義の走者として、平和の大道を進む誇りを胸に、自分自身を大いなる城のごとく、そびえ立たせていこう！

　君よ、勇敢なジェントルマンたれ！

　貴女よ、聡明なレディーたれ！

※チャーチルの言葉は、ジェームズ・ヒュームズ編『チャーチル150の言葉』長谷川喜美編訳（ディスカヴァー・トゥエンティワン）。テレンティウスはトインビー著『回想録Ⅱ』山口光朔・増田英夫訳（社会思想社）から。

5. 不屈の都 モスクワ

君よ、貴女よ、
負けじ魂の名優たれ!

　モスクワ大学のキャンパスがある「雀が丘」の展望台からは、壮大なスケールの首都の街並みが一望できます。

　ロシアの大文豪トルストイの名作『戦争と平和』にも、この「雀が丘」の近くからモスクワの街を眺めた様子が描かれています。

　「すべてが薄い澄んだ大気のなかで、目の痛むほどかがやき、胸は秋の香りの高い空気を吸い込んでたくましくなり」と。

　そう、トルストイがいうように、「香りの高い空気」を大きく深呼吸しながら、皆さんも、心も広々と、一回りも二回りも「たくましく」成長していってください。

　私には、世界都市モスクワで育った、多くの素晴らしい友人たちがいます。その一人、宇宙飛行士のセレブロフ博士は、病弱だった少年時代に、スポーツに挑戦して心身を鍛え、さらに

「雀が丘」からの大パノラマ。モスクワ川が緑の間をぬうようにして悠然と流れ、モスクワの壮大な街並みが広がります(1990年7月、池田先生撮影)

君よ、貴女よ、負けじ魂の名優たれ!

勉学にも励んで、数学や物理のオリンピックに出場しました。

博士は、「一人一人の素質は粘土のようなもの」で、「それをしだいに形につくり上げていくのが『努力』です」と語られています。

皆、それぞれの課題に挑み、自分自身をじっくりとつくり上げていこうよ！

春の来ない冬はない。
苦しくとも粘り強く自分を鍛え上げよ

私がモスクワを初めて訪れたのは、1974年の秋9月のことでした。今のロシアがまだ、ソビエト連邦（ソ連）だった時です。

第2次世界大戦後、世界は、アメリカを中心とした資本主義の西側諸国と、ソ連を中心とした社会主義の東側諸国に、大きく二分され、激しく対立していました。いわゆる東西の「冷戦」（冷たい戦争）と呼ばれる時代です。両陣営の〝壁〟を象徴する「鉄のカーテン」という言葉もありました。

西側陣営である日本にとって、ソ連はいわば「敵国」。ソ連に関する正確な情報はほとんどなく、多くの日本人が〝冷たい〟〝怖い〟というイメージを抱いていました。

こうした状況は、日本にとっても、ソ連にとっても不幸なこ

とだと、私は考えていました。"ソ連が怖い"のではなく、本当は、"知らないことが怖い"のだと。

　だからこそ私は、ソ連の人々の素顔を、自らの目で確かめ、多くの人に伝えたいと思ったのです。

　ソ連に行く前には、「宗教者が、宗教否定の国へ何をしに行くのか」などの批判の声が巻き起こりました。当時、ソ連と中国も対立を深めていたので、私が中国に続いてソ連を訪問することも、なかなか理解されませんでした。私は迷わず、「そこに人間がいるから、行くのです」と答えました。

　平和を願う、同じ人間に会いに行く——これが私の決心でした。

　その初訪ソの折、とある街中で結婚式を終えたばかりの若い2人に出会いました。後に「雀が丘」でも同じ光景を見掛けたことがありますが、ロシアでは新婚の2人で名所を回る習慣があるのです。

　すると突然、同行してくれていたモスクワ大学の方々が、「にがいぞ、にがいぞ!」と"声援"を送りました。初々しい夫婦に、わざと「にがい」と言って、ますます「あまく」仲よくさせる——ロシアの人々の愉快な慣習と温かな心に触れ、私も妻と一緒に、心から祝福の拍手を送りました。

　こうした人間味あふれる情景を、日本の人たちに伝えたい。それが私の偽らざる真情でした。

君よ、貴女よ、負けじ魂の名優たれ!　*57*

「人間」こそ、一切の根本です。

平和も、文化も、教育も、人間から始まり、人間に帰るのです。この「人間主義」のバトンを、後継の皆さんに受け継いでもらいたい。私は、そう強く願っています。

ロシアは、ユーラシア大陸を横断する、世界で1番面積の大きい国です。それは日本の約45倍、海面を除いた地球の面積の8分の1に当たります。

また、この大地は、人類の宝ともいうべき芸術・文化を生み出してきました。特に19世紀には、音楽ではチャイコフスキー、文学ではプーシキン、トルストイ、ドストエフスキーなど、世界的巨匠が次々と活躍しました。

私も若き日から、こうした巨匠たちの傑作に親しんだ一人です。ロシアの芸術作品に表現された、人間への限りない愛情と信頼、生命の讃歌と深い精神性に、私は胸を熱くしたものです。

これまで6度、ソ連・ロシアを訪れてきましたが、母なる大地に育まれた、おおらかで情に厚く、辛抱強いロシアの人々の素顔に、何度も心温まる思いがしました。

ロシアの人々にとって、20世紀は激動の時代でした。ロシア革命、2度の世界大戦、そして独裁政権による粛清（方針に

反する者を排除すること）——それでも明日への希望を失わず、民衆は断固として前進してきました。

　私と100歳違いのトルストイは、皆さんと同年代の時、日記にこう綴っています。

　「忍耐と勤勉。そうすればぼくの欲するすべてのものを得るであろうと確信」

　忍耐ほど、自分を鍛え上げてくれるものはありません。「粘り強さ」こそ勝利を開く秘訣なのです。

　たとえ今、どんなに苦しくとも、春の来ない冬がないように、それが永遠に続くことはありません。だから断じて負けてはいけない。戦い続ける人が、必ず勝利します。

　日蓮大聖人は「仏を能忍（難を能く忍ぶ人）と名づけるのである」（御書935ミー、通解）と仰せになられました。

　世界が渇望する人間主義の未来を担いゆく皆さんです。一人も残らず、かけがえのない使命を持った君たち、貴女たちです。それだけに、試練も苦難も多い。

　ゆえに、この「能忍（能く忍ぶ）」という1点を、心に留めておいていただきたいのです。

　1974年当時、ロシアには、SGIのメンバーは一人もいませんでした。しかし今、モスクワをはじめロシアの大地には、地涌の同志が躍り出て、社会に貢献しています。

　世界最高峰の学府・モスクワ大学と創価大学の間では毎年、

君よ、貴女よ、負けじ魂の名優たれ！　59

国立モスクワ児童音楽劇場にサーツ総裁(前列中央)を表敬しました(1981年5月、モスクワ)

交換留学生の往来を重ねています。

　モスクワで出会いを結んだ、私と妻の大切な友人の一人に、ナターリヤ・サーツさんがいます。サーツさんは、世界初の「子どものためのオペラ劇場」である「国立モスクワ児童音楽劇場」を創設し、総裁を務めた方です。

　最初の出会いは1981年5月。「雀が丘」から、ほど近い児童音楽劇場で、「ナターシャおばさん」と慕われるサーツさんが、笑顔で迎えてくれました。

　大きな身振り手振りで、あふれ出る感情を表現される姿は

"天真爛漫な少女" のようでした。私と妻の間に入って手を取り、自ら素敵な劇場を案内し、そこにいたご自慢の子どもたちを紹介してくださいました。

サーツさんは、9歳でお父さまを亡くされました。さらに最愛のご主人も独裁政権によって粛清され、自身も「人民の敵の妻」として5年間、強制収容所に入れられました。美しい栗色の髪は、瞬く間に白くなってしまいました。

最大の心の支えだったお母さまも、空爆で亡くなりました。お母さまは被弾した後も、サーツさんの舞台衣装を抱えて友人の家までたどり着き、絶命されたのです。

収容所から出た後、その友人宅を訪れたサーツさん。夜、お母さまが息を引き取ったというソファに横になり、静かに目をつぶっていると、お母さまの夢を見たそうです。夢の中で、お母さまは語り掛けました。

「歌うのよ、ナターシャ、何があっても歌うのよ。人生って、それは楽しいものなんですから」

サーツさんは、絶望の淵から顔を上げました。いかなる困難にも、度重なる悲しみにも、負けることなく、前へ進みました。そして、子どものための芸術活動に献身する人生を歩み抜いたのです。

サーツさんは語っています。

「何でも簡単にできたことは一度だってなかった。常に困難

があって、むしろそれをのり越えるのが好きだ」と。

✈ ✈ ✈

サーツさんが心掛けていた「困難を勝ち越える知恵」があります。

それは——つらくて仕方がない時は、もう一人の自分が舞台に立っている姿を想像すること。そして、あたかも自分が演出家のようになって、舞台上の自分にウインクしながら、「ちょっぴりやっかいになってきちゃったね。さあ、ナターシャ、あなたがどうやってここを切りぬけるか、みものだわ」と語り掛けるという方法です。

人生、そして青春は「劇」です。

楽しい出来事もあれば、思わぬハプニングもある。苦闘の時期や胸躍る大逆転の瞬間、時にはほっと一息つく幕間もあるでしょう。いろいろあるから、おもしろい。

だから、君がつらい時、貴女が苦しい時こそ、それは、「さあ、ここからだ！」「いよいよ勝負の時が来た！」という〝青春勝利の舞台の見せ場〟なのです。

大聖人は、苦難にも負けずに前進する弟子の戦いを、「未来までの・ものがたり」（御書1086㌻）とたたえておられます。

最高の妙法を持つ皆さんの奮闘は、必ずや未来の後輩たちが、世界の人類が、「あの人の負けじ魂の劇を見よ！」と仰ぎ

62　5.不屈の都　モスクワ

見る物語となっていくのです。

　冷戦を終結させた元ソ連大統領のゴルバチョフ氏と初めてお会いしたのは、1990年7月27日のことです。

　この時、大統領の日本初訪問の実現が危ぶまれていました。モスクワのクレムリン宮殿で、私は開口一番、「きょうは、大統領と〝けんか〟をしに来ました！　火花を散らしながら、何でも率直に語り合いましょう。人類のため、日ソのために！」と切り出しました。

　するとゴルバチョフ氏は、一気に表情を崩し、はずむ語らいの中で、その次の年の〝桜の咲くころ〟に日本を訪問したいと希望を語られました。トップニュースとして、日本に発信されました。

　翌年の4月、氏はその約束通りに、ソ連の最高指導者として初めて日本を訪問され、両国にとって歴史的な友好の春が花開きました。

　後年、その氏を、わが関西創価学園に、ライサ夫人と共にお迎えできたことも、金の思い出です（1997年11月）。氏と共に茨の道を歩んだ夫人が語られた言葉を、学園生たちも大切にしています。

　「人生には、さまざまな痛手を受けることがあります。心の

君よ、貴女よ、負けじ魂の名優たれ！

ゴルバチョフ元ソ連大統領ご夫妻が、学園生の歓呼に応える（1997年11月、大阪・関西創価学園）

傷が癒えないこともあります。必ずしも夢のすべてを実現できるわけでもありません。

　しかし『達成できる何か』はあります！　何か『実現できる夢』は必ずあるのです！

　だから、最後に勝利する人とは、たとえ転んでも、立ち上がり、再び前に進む人です」

　わが人生という舞台で、自分が誇れる「何か」を残せば、たとえ途中がどうであろうと、それは勝利劇です。へこたれないで朗らかに、わが使命を信じ抜き、戦いのドラマを最後まで演じ切った人が真の勝利者です。君たち、貴女たちの「名演」が、どれだけ多くの世界の友を鼓舞し、勇気づけていくことでしょう！

　さあ、君たち、貴女たちにしか綴れない、「自分自身の物語」の幕が上がりました。

　名俳優の君、名女優の貴女の負けじ魂の舞を、父母も、創価家族も、私も、そして、未来の地球の若人たちも、大喝采を送りながら、見つめています。

※トルストイの言葉は、トルストイ著『戦争と平和』藤沼貴訳（岩波文庫）。『トルストイ全集18　日記・書簡』中村融訳（河出書房新社）。セレブロフは、アレクサンドル・セレブロフ／池田大作著『宇宙と地球と人間』（『池田大作全集』第141巻所収、聖教新聞社）。サーツは、『私が見つけた「青い鳥」　ナターリヤ・サーツ自伝』斎藤えく子訳（潮出版社）から。

君よ、貴女よ、負けじ魂の名優たれ！　65

6. カナダの滝

今日も一歩前進！
明日の勝利へ

　大地を揺るがす轟然たる水音が、体の芯まで響いてきます。

　〝世界三大瀑布（滝）〟の１つ、カナダ・トロント近郊のナイアガラの滝の迫力は圧倒的です。悠然と流れる紺碧の水が一気に落下し、豪快に砕けると、真っ白い飛沫が空へ舞い上がり、光を浴びて幾つもの虹を描きます。

　地球の大いなる生命力の交響曲が、そこにはありました。

「滝の如く　激しく

　滝の如く　撓まず

　滝の如く　恐れず

　滝の如く　朗らかに

　滝の如く　堂々と」

　こう私は綴ったことがあります。その滝の大王者が、カナダの誇るナイアガラの滝なのです。

滝の王者「ナイアガラ」の威容(カナダ滝)。この滝が誕生した12000年前には、滝は約10キロ下流にありました。地球の大地を刻み続ける大パノラマに、池田先生はカメラを向けました(1981年6月、カナダ・トロント近郊)

今日も一歩前進! 明日の勝利へ

✈ ✈ ✈

　滝を登り切った魚は、竜になる——この「竜門の滝」という中国の故事を引いて、日蓮大聖人が励ましを送ったのが、未来部の皆さんの大先輩である南条時光です。

　魚が滝を登るには、激しい水の抵抗に打ち勝たねばならない。鳥や漁師からも狙われる。それらを勝ち越え、登り切ってこそ、竜となって、天まで昇ることができる。

　人もまた、何があっても、自分自身の決勝点を見失うことなく、挑戦し抜いた人が勝利者なのです。

　ゆえに大聖人は、そのお手紙の中で、呼びかけられました。「願くは我が弟子等・大願ををこせ」（御書1561㌻）と。

　わが弟子よ、大いなる目的に生きよ！ ——時光が7歳の時に出会って以来、その成長を楽しみに見守ってこられた大聖人が、広宣流布を託されたのです。この時、時光は21歳でした。

　それは「熱原の法難」という、入信間もない農民信徒たちが迫害された大難の渦中のことでした。その時に、大聖人が心から信頼され、期待を寄せられたのは、青年です。今でいえば、未来部の出身者なのです。

　広宣流布を決するのは、若き後継の人材の流れです。末法万年の先、尽未来際（未来永遠）まで、世界の平和と人類の幸福を確立する戦いだからです。

68　6. カナダの滝

思えば、ナイアガラの滝も、1万2000年という長い時間をかけ、形成されてきたといいます。

　「未来」は「今」決まります。

　私は、広布のすべてを信頼する未来部の君たちに託します。

　仏法では「心清ければ土も清し」（御書384ᵖ）と説かれます。

　大いなる国・カナダは、心美しき人々が住む、美しき国土である——私はそう思ってきました。

　面積は、ロシアに次いで世界で2番目に大きい。アメリカや中国よりも広いのです。森と湖、氷河が織り成す大地は、国旗に「メープル・リーフ（カエデの葉）」が描かれている通り、秋になると紅葉の一大絵巻に染め上げられます。極北地方では、夜空を彩るオーロラも見られます。

　有名な『赤毛のアン』の物語の舞台であり、「世界で最も美しい島」とたたえられるプリンス・エドワード島も、この国の東部にあります。

　ユーラシア大陸から渡ってきた先住民が住む大地に、やがてヨーロッパ人が移り住んだこの国は、多くの民族、多くの文化、多くの言語が共生しています。

　近年は、世界の各地で紛争や動乱があるたびに、そこから逃れてきた人々を迎え入れてきた「人類の安全地帯」なのです。

今日も一歩前進！　明日の勝利へ

多くの国と仲良くして国際協力にも積極的な役割を果たし、平和に貢献しています。

現在は、実に200を超える民族が暮らし、新聞・雑誌などは40カ国語以上で発行されています。民族や人種の違いを尊重し、平等に国づくりに参加できる「多文化主義」を世界で初めて政策に掲げた国として尊敬されています。

それは、私の恩師・戸田城聖先生が示された「地球民族主義」の理想へ進む国でもあったのです。

世界から多くの人々を受け入れてきたカナダはまた、多くの偉人を世界に送り出してきました。

その一人が、私の敬愛する友人、ジョン・ケネス・ガルブレイス博士です。長年、ハーバード大学で教壇に立った博士は、このアメリカを代表する名門大学の歴史のなかで最も著名な学者とたたえられる人物です。

博士は、F・ルーズベルト政権やケネディ政権の頭脳として活躍され、20世紀を代表する経済学者として広く知られています。

私のハーバード大学での2度目の講演（1993年9月）の際には、講評もしてくださいました。

〈博士は講演を「私たちが希望し、願望している『平和実現

20世紀の経済学の巨人・ガルブレイス博士と2度目の会見(1990年10月、東京都内)。カナダの農家に生まれた博士は、経済の変動から農家を救うことを目指し経済学の道に進みました

への道』を示した」と述べました〉

97歳で逝去されるまで、若々しく人類の未来のために尽くされました。2メートルを超える長身の博士は、まさしく「知の巨人」でした。

博士の生き方を決めたのは、カナダで過ごした少年時代に見た、お父さまの後ろ姿でした。お父さまは、熱心に農業をやりながら、学校の先生や会社の経営、町や郡の会計の仕事もしました。政治にもかかわり、演説もしました。父の手伝いをよくした博士は、世の中のさまざまな仕事に興味を持つようになりました。

博士と日本でお会いした際、私は博士がなぜ、ご高齢にもかかわらず、これだけ元気に活動できるのかを聞いたことがあります。

博士は、こう答えられました。

「何よりも大事なことは、朝起きた時に、今日一日の計画が決まっていない、考えていない、といったことがないようにすることです」

朝起きて、今日はこれをしよう、あれを学ぼうとワクワクした気持ちで、1日1日を快活に生きました。

その日々の積み重ねが、博士を大学者へと育んでいったのです。

皆さんも1日に1つ、何か新しいことに挑戦してみよう。

自分らしい一歩前進で、かまわないよ。

「いつもより5分長く、勉強する」「良書に挑んでみる」「あまり話したことのない友だちに声をかける」「お母さんの手伝いをする」など、何でもいいんだ。ワクワクするようなことを考えて、勇気を出して実行してみよう。

月々日々に、チャレンジした分だけ、自分が大きくなります。

私は、カナダの名門モントリオール大学のがん研究の第一人者であるシマー博士（元学長）、生命倫理の大家であるブルジョ博士（同大学終身教授）と、てい談集（『健康と人生——生老病死を語る』）を発刊しました。

そのなかで、「健康」の定義についても語り合いました。

——健康とは、ただ単に「どこにも病気がない」ということではない。例えば、自転車が走っているかぎり倒れないように、常に躍動して、とどまることがない。何かに挑戦し、創造していく生き方こそ健康である。常に、「新たな探究」の生命が健康な人生をつくっていくのだ、と。

朝のはつらつとした勤行から、創造的な1日への挑戦を開始する私たちほど、健康な青春、健康な人生はありません。

10月2日は、私が1960年に世界への平和旅を開始した日

です。この旅の中で、カナダを初めて訪れました。その折、訪れたナイアガラの滝で、水しぶきに映し出される虹を見つめながら、私は一緒にいた青年に語りました。

「この滝にかかる虹も、ひとたび流れが途絶えれば、瞬時に消え失せてしまう。人生の希望の虹も、広布への躍動の前進があってこそ輝くものなんだよ。希望を捨てない人には、いかなる困難にも負けない強さがある」と。

悠久の大河も、壮大なる滝も、すべて一滴の水から始まり、たゆみない流れがあって初めて生まれます。この初訪問で出会った一人の友から、カナダの創価の希望の連帯は水かさを増していきました。

1993年には、東のモントリオールと、西のバンクーバーを訪れました。未来っ子たちが元気いっぱいに迎えてくれた情景が、今でも胸から離れません。緑の平和の大国の希望である、未来のリーダーたちに、最大の敬意を込めて、一人ひとりと握手を交わしました。

「世界で最も住みやすい都市」と呼ばれるバンクーバーで、私は「素晴らしき人生」を生きるための5項目「バンクーバー宣言」を提案しました。未来部の皆さんとも、あらためて確認したいと思う。

① 懸命に生きる人生は美しい。
② 余裕ある人生は内実が豊か。

③ 快活に生きる人生は強い。
④ 仲良く生きる人生は明るい。
⑤ 誇りに生きる人生は崇高。

今回、この5つに、新たに2つ加えて「『未来の翼』宣言」としたいと思うけれども、皆さん、どうだろうか。

⑥ 親孝行の人生は幸福。

お父さん、お母さんを安心させ、大事にしていく人の家庭には、いつも笑顔があふれています。

⑦ 学び抜く人生は勝利。

学ぶ人が偉い人です。学び続ける人が勝利者です。苦労して学び抜いたものは、生涯、君を、貴女を支えてくれます。

『赤毛のアン』で、主人公の少女アンは語っています。

「小さな障害は、笑いの種だと思い、大きな障害は、勝利の前兆だと考えられるようになったの」

苦難は敗北ではない。悩みがあることが不幸なのではない。むしろ、自身を最高に向上させ、周囲に喜びを贈りゆく、「笑顔の種」であり、「勝利の前兆」なのです。

だから、今日も進もう！

立ち止まってはならない。

水は流れ続けるから清らかだ。

「未来の翼」宣言

① 懸命に生きる人生は美しい。

② 余裕ある人生は内実が豊か。

③ 快活に生きる人生は強い。

④ 仲良く生きる人生は明るい。

⑤ 誇りに生きる人生は崇高。

⑥ 親孝行の人生は幸福。

⑦ 学び抜く人生は勝利。

滝も、とどまらないから硬い大地を削り取るのです。

日蓮大聖人は、南条時光に、「水のごとくと申すは・いつも・たいせず信ずるなり」（御書1544ジ）とも教えられました。水の流れる如く、退くことなく、題目を唱え、信心に励んでいく人は、必ず最後に勝つのです。

20世紀のカナダの偉大な指導者で、ノーベル平和賞を受賞した、ピアソン首相は語りました。

「人類は、外なる世界を征服してきた。しかし、いまだ内なる世界を征服できずにいる」と。

勝つべき相手は他の誰でもない、自分自身の心です。人と

比べる必要はない。弱い自分に打ち勝って、一歩前進するのです。

　私が青春時代から大好きな言葉を贈ります。

「世界を制覇せんとするものは、汝自身の悲哀を制覇せよ」

　昨日の自分を超えゆけ！

　そのたゆみなき今日の挑戦が、君の、貴女の、明日を輝かせるのだから──。

※モンゴメリーは『アンの愛情』掛川恭子訳（講談社）。ガルブレイスは、『ガルブレイス　わが人生を語る』（日本経済新聞社）。ペギー・ラムソン著『ガルブレイス』八木甫訳（プレジデント社）などを参照した。

7. ネパールの頂

君よ、粘り強く
最高峰の青春を

皆さんに、漢字の質問をします。

「王」という文字は、「三」という字を書いて、「｜」の字を縦に書きますね。これは何を意味していると思いますか？

日蓮大聖人の御書には、「三」は天と地と人を表し、それを貫いて少しも動かない存在を「王」というと説かれています。

そして、その王の象徴こそ、世界一の大山脈・ヒマラヤではないか、と私は思います。

王者の山・ヒマラヤは――

何ものにも揺るがない父の如く、堂々とそびえています。

全てを優しく包み込む母の如く、人々を見守っています。

肩を組んで試練に挑む皆さんの如く、天空を目指しています。

1995年11月、私は、美しき精神の大国・ネパールを訪れ

夕日に染まるヒマラヤ（1995年11月、池田先生撮影）。先生は、この「世界の頂上」を仰ぎ、「おお！ わが若き門下よ！ 世界の王者 ヒマラヤの如く 堂々と ヒマラヤの如く 気高く ヒマラヤの如く 厳然と ヒマラヤの如く悠然たる連帯を！」との詩を青年に贈りました

君よ、粘り強く最高峰の青春を　79

ました。

　名門・国立トリブバン大学での式典などを終えた後、首都カトマンズから車で１時間ほど走り、郊外へ向かいました。"ヒマラヤを仰げる丘へ"と、地元の方々が真心こめて案内してくれたのです。

　ただ、天候によって、必ずしも見られるとは限りません。この日の夕刻も、到着するまでは、あいにく雲が出ていました。

　カメラを手に少し歩くと、それまで頂をおおっていた雲が、カーテンのようにサーッと開きました。そして白雪を身にまとった王者の峰が、夕日の"スポットライト"に浮かび上がったのです。

　チャンスは一瞬でした。

　シャッターを切ることができたのは、ほんの数秒間だけです。あたりは天の照明をゆっくりと落とすように、夕闇に包まれていきました。家々には、ごはんのしたくをする煙も上がっています。

　一瞬の出あい。しかし、天を衝くヒマラヤは、無言にして無限の励ましを贈ってくれました。

　私は皆さんに呼びかけたいことがあります。
　それは、自分自身の最高峰を目指そうということです。

私の恩師・戸田城聖先生は、「青年は、望みが大きすぎるくらいで、ちょうどよいのだ」と、よく言われました。

　大きな希望を抱いて最高峰に挑むことは、青年の特権です。そこに青春の「躍進」が生まれます。

　「躍進」の「躍」には、「足」があります。また、右側の「翟」は、鳥が羽ばたいて飛び立とうとする姿に由来するといいます。

　大地にどっしりと足をつけ、他人と比べて焦るのではなく、自分らしく粘り強く努力を重ねていく。そして、希望の大空を見つめ、無限の可能性の翼を広げて、飛翔していくのです。

　常に、高みへ向かって、少しずつでも前進していく人が、青春の勝利者です。

　ネパールにも、そうした皆さんの仲間が、いっぱい光っています。

✈　✈　✈

　ネパールは、インドと中国の間に位置します。大きさは、北海道の2倍ほどです。

　世界最高峰のエベレスト（標高8848メートル）を頂点としたヒマラヤ山脈をはじめ、亜熱帯のジャングルなど、壮大な自然に抱かれた国土に、30以上もの民族が調和しながら暮らしています。

　仏教の創始者・釈尊が誕生したのも、ここネパールです。

君よ、粘り強く最高峰の青春を　81

一瞬のチャンスをのがさず、ヒマラヤをカメラに収める（1995年11月、カトマンズ郊外）。集まってきた子どもたちに、池田先生は「大きくなったら日本にいらっしゃい」と話されました

ネパールは、〝微笑んでいる人たちの国〟といわれます。また、多くの偉大な詩人を生んだ「詩心の大国」です。

ネパールを代表する人道主義詩人サマは謳っています。

「エベレストのごとく、常に毅然として揺るがず、心に真実と美と永遠を抱こう」と。

ヒマラヤ山脈を撮影した日、私は、あの丘で、地元の村の子どもたちと忘れ得ぬ友情を結びました。20人ほどいたでしょうか、珍しそうに、異国から来た私たちを遠巻きに見ていました。

私が「おいで、おいで」と招くと、ニコニコと人懐こく寄ってきてくれました。皆の澄んだ瞳が、宝石のようでした。あどけない笑顔は、蓮華の花のようでした。美しい心が、ひときわ輝いていました。

私は、国の宝、世界の宝である〝未来の使者〟たちに、心を込めて語りかけました。

「ここは仏陀（釈尊）が生まれた国です。仏陀は、偉大なヒマラヤを見て育ったんです。あの山々のような人間になろうと頑張ったのです。堂々とそびえる勝利の人へと自分をつくり上げたんです。みなさんも同じです。すごい所に住んでいるのです。必ず、偉い人になれるんです」

皆、真剣な眼差しを向けてくれました。通訳の方を通しての語らいでした。それでも、心と心は通い合っていました。私に

君よ、粘り強く最高峰の青春を　83

は、それがはっきりと分かりました。

　私は、涼やかな目を見つめて、言いました。

「皆、勉強して、偉くなってください」

　最高峰の人格の人・釈尊の生まれた国の若人たちよ、徹して学び続ける求道の青春を！　そして、最高峰の価値ある人生を！　私はそう願って、やみませんでした。

　皆、ニッコリと白い歯をこぼして応えてくれました。その場を去る時、一生懸命に手を振り、走って追いかけてまで、私たちの車を見送ってくれた姿が、命に焼きついて離れません。

　車中、私の胸には、２日前にお会いしたネパールのビレンドラ国王の言葉がよみがえっていました。国王は穏やかな笑みをたたえつつ、こう語られました。

「教育がいかに大切か、私たちは知っています。教育は若き世代に対し、将来、彼らが直面するであろう困難と諸問題に打ち勝つ力を与えます」

「学は光」です。私は子どもたちの未来に光あらんことを、心から祈らずにはいられませんでした。

　うれしいことにこの訪問で、私が出会った未来部の皆さんは、立派に成長し、理学療法士や公務員、ドライバーなどとして、最高峰の天地で活躍していると聞いています。

84　7. ネパールの頂

ネパールの大詩人デウコタは詠みました。

「我々は、この世界を理解しなくてはならない。臆病であってはならない。世界を直視し、勇気を奮い起こすのだ。

この世に生きている間に、大空へと翼を広げるのだ」

この詩を私が一緒に味わった、かけがえのない友人が、ネパールのマテマ元駐日大使です。

大使ご自身も、この詩の如く生き抜いてこられました。

私が大使と初めてお会いしたのは1994年。大使が、トリブバン大学の副総長を務めておられた時に、東京にお迎えしました。

大使はネパールではなく、インドで生まれ育ちました。当時の独裁政権にご家族が立ち向かい、数十年にわたる亡命生活を余儀なくされていたからです。

大使が若き日、最も影響を受けたのは、「貧しい人々のために行動しなければ」と、勇敢に戦った、親せきのおじさんの存在でした。

おじさんは、政府の要職に就いていました。しかし、そうした地位を投げ捨てて、民衆の真の幸福のために立ち上がったのです。独裁政権によって、おじさんは処刑されました。しかし、不屈の精神は、大使の命に深く刻まれました。

このおじさんの存在は常に自身を導く「人生の灯台」であると、大使は私に語ってくれました。

君よ、粘り強く最高峰の青春を　85

大使は勉学に励んで、イギリスに留学し、やがてトリブバン大学の教壇に立つことになります。

1970年代、学生たちが民主化を求めて運動を開始した時、大使も共に断固と立ち上がりました。権力から圧迫を加えられ、大学教員を辞職しても、負けじ魂を燃え上がらせ、一貫して民衆のために働きました。そして、1990年、ネパールは民主化を果たすことができたのです。

徹して学び、行動する「勇気」。これこそ、一流の人物に共通する、人生で最も大切な美徳です。

21世紀の世界は、紛争やテロ、貧困や人権、環境問題をはじめ、重大な課題が山積しています。若き皆さんの活躍を待ち望んでいる人々が、たくさんいます。

私はこの「勇気」の二字を、人類の宝である、君たち、貴女たちに贈りたい。そして、その勇気の翼、未来の翼で、世界を駆け巡ってもらいたいのです。

✈ ✈ ✈

悩んだときこそ決意の題目！ 一歩また一歩と挑め

私はトリブバン大学で、「人間主義の最高峰を仰ぎて──現代に生きる釈尊」と題する講演を行いました。その中で、"ヒマラヤの如き悠然たる境涯を確立することが、世界平和の原点"ということを訴えました。

心の大きな人は、他人に嫉妬しません。心の豊かな人は、つまらぬ縁に紛動されません。

皆さんには、何があっても悠然と乗り越えていく自身を築き上げるための、信心があります。題目があります。

日蓮大聖人は仰せです。

「須弥山（世界の中心の最高峰の山）の始めは、一つの塵である。一を重ねれば二となり、二を重ねれば三となり、このように十、百、千、万、億……となっても、その生みの母はただ『一』なのである」（御書1237ﾟ、趣意）

今の一歩の努力、一人の友情、1つの親孝行が、ヒマラヤの如き自身を創ります。

その活力は題目です。なかなか一歩を踏み出せないなと思う時でも、決意の題目を唱えて、一歩また一歩と挑んでいけば、必ず1日1日と持続していけるのです。

ヒマラヤ山脈は現在もなお、1年間に少しずつ高くなっているといいます。人間も同じく、最高峰の人は、常に成長し続けます。

戸田先生も、一生涯、勉強し続けた偉人でした。亡くなる直前まで、私に「今日は何の本を読んだか」と尋ねられ、「私は『十八史略』（中国の歴史の物語）を読んだよ」と言われながら、

君よ、粘り強く最高峰の青春を

将軍学を教授してくださいました。

　ネパール滞在中のある夜、妻が「あら！　流れ星！」と空を見上げました。

　私は感慨を込めて答えました。

　「戸田先生が喜んでくださっているね」と。

　いつでも、どこでも、私の胸には、悠然たるエベレストの如き、世界最高の師匠がいます。ゆえに、弟子である私も、永遠に挑戦をやめません。日々勉強であり、日々努力です。

　そして、私の心には、未来部という成長し続ける人材山脈がそびえ立っています。これほど心躍る絶景はありません。

　最高峰を仰いで人生を登はんする人に、停滞はありません。後退も、敗北も、絶対にありません。最後は必ず、勝利の眺望を楽しむことができる。

　ここに「師弟」の道があります。

　愛する君たちよ、貴女たちよ、世界の友とスクラムを組んで、いよいよ高く、いよいよ朗らかに、いよいよ堂々と、人間の王者へ、育ちゆけ！

　これが、私の祈りであり、願いなのです。

※冒頭の出典は、「内房女房御返事」（御書1422㌻）から。「王」の字の成り立ちについては、〝天・地・人を統合する者〟との考え方が、古くから東洋思想に見られる。

池田先生は野外の研修で、未来の友と和やかに語り合いました（1968年8月、静岡・富士宮市内）

8. 中国・桂林の山河

古い友人を大切に
新しい友をつくろう

　皆さんは、1年ごとに、友情のスクラムを快活に聡明に広げゆく青春であり、人生であってください。その1つの秘訣があります。

　それは、「古い友人を大切に、新しい友人をつくる」ことです。この世で最も尊く、最も美しいものは友情です。友情こそ人生の勝利と栄光の縮図でありましょう。

　友情を大切にする人こそ、真の世界市民です。平和の創造者なのです。

　一口に友情といっても、国と国の友情もある。政治や経済の次元での交流もある。それはそれで大事だが、それだけでは弱い。時に、力や利害が幅をきかせて、ぶつかってしまうことがあるからです。

　だから、人と人を結ぶことです。文化や教育の交流で、人間と人間、民衆と民衆、青年と青年が友情で結ばれていれば、平

中国を代表する景勝地・桂林。池田先生は、桂林からの漓江（りこう）下りの終着点・陽朔（ようさく）で、一幅の名画の如き山河をカメラに収めました（1980年4月）

和は揺るがない。私が、お隣の国・中国との友好を訴え、10回にわたり訪問してきたのも、この信念からです。

　1980年の4月、私はお招きを受けて、5度目の訪中の旅に出ました。

　連日、諸行事や会見が続く中、中国側のご配慮で景勝の地「桂林」を案内していただきました。

　「桂林の山水は天下に甲たり」──その山水は天下第一なりと、たたえられた桂林です。地面から突き出たように天に伸びる山々が、漓江の静かな流れを帯のようにまとっていました。

　川下りの船着き場に下りていくと、岸辺で子どもたちが遊んでいました。一緒に記念のカメラに納まり、「一生懸命に勉強して、立派な人になってくださいね」と、一人ひとりに声を掛け、ささやかな日本のおみやげを渡しました。

　船を待っていると、今度は2人のかわいらしい薬売りの乙女に出会いました。

　利発そうな彼女たちが、「薬は何でもそろっています。お好きなものをどうぞ」と言うので、私は自分の頭を指さしながら、ユーモアを込めて、「それでは、頭の良くなる薬はありませんか」と尋ねました。すると、にっこり笑って、こう言うではありませんか。

「その薬なら、たった今、売り切れてしまいました！」と。

明るい笑顔が広がりました。

あたりは春の雨で、煙っています。案内してくださった方が、「煙雨の桂林が、1番、美しいのです」と教えてくれました。

船に乗ると、中国の山水画そのものの世界が広がっていました。いつしか雨は上がり、霞がかった奇峰の数々が水面に影を落としていました。両岸には人々の生き生きとした生活がありました。

終点の陽朔に着くころには、時折、日も差してきました。漓江の川面が青磁色に光り始めました。晴れてもまた美しい桂林でした。

船着き場を下りて、名残を惜しんで漓江を振り返ると、戻る船が1艘、進んで行きます。

——旅人を楽しませる知恵、温かくもてなす心に満ちた中国の人と大地に感謝しつつ、私はシャッターを切りました。

実は、桂林の一帯は、3億年前は海底だったそうです。やがて石灰岩の巨大な大地が地殻変動で隆起し、水の浸食によって長い時間をかけて、不思議な形の山々が生み出されたといいます。

古い友人を大切に　新しい友をつくろう

長遠な大自然の営みによってつくられた偉観を眺めつつ語り合った中国の友人が、お国の故事成句を教えてくれました。

「兼聴則明、偏信則暗（あわせ聴けばすなわち明るく、偏り信ずればすなわち暗し）」——多くの人と出会い、広い心で意見を聞けば理解が深まる。一方の話だけ聞いているだけでは、物事は明らかにならない、という意味です。

悠久の中国の歴史が育んだ「平和の知恵」が光っていました。

思えば、1974年の5月から6月にかけて、私が初めて中国を訪れた時、首都・北京で私は一人の少女に、こう尋ねられました。

「おじさんは、中国に何をしに来たのですか？」

私は即座に答えました。

「あなたに会いに来たのです」

私の偽らざる真情でした。その通りに私は、中国の首脳や各界の指導者とお会いする一方、庶民の方々とも、青年や児童たちとも可能な限り語り合いました。

ある時は、大学で学ぶ学生たちと、またある時は、工場で汗をにじませて働く労働者とも。

全長約430キロの大河・漓江は、遠くから眺めると、流れているのかどうかわからないほどです。しかし、確かな大きな力で、岩を削り、大地を潤し、絶えず上流から下流へと進んでい

ます。
　私が対談した大歴史家のトインビー博士は、真に歴史を創るものは、目立たない「水底のゆるやかな動き」であると言われていました。世間をにぎわすニュースや出来事は、むしろ流れの表面にすぎないと達観されていたのです。
　そして博士から私は、たとえ地味であっても、心と心を深く結びゆく対話と友情を、さらに世界へ広げることを託されました。
　日蓮大聖人は、「他人であっても心から語り合えば、かけがえのない命にも替わりうるのである」（御書1132ページ、通解）と仰せです。一対一の友情と信頼が集まれば、友好の大河となります。そこに、押しとどめようのない平和の流れが生まれます。新たな友情が、新たな歴史を創るのです。

　中国の「人民の父」周恩来総理、「人民の母」鄧穎超先生ご夫妻と私は、黄金の友情を築くことができました。
　中国は、日本と2000年以上のお付き合いがあり、漢字や仏教など、私たちがさまざまなことを学んできた「文化大恩の国」であり、「兄の国」です。
　その国を第2次世界大戦で、日本の軍部政府は蹂躙しました。戦火は美しき桂林にも及び、5回の渡海の失敗を乗り越え

周恩来総理との一期一会(いちごいちえ)の出会い(1974年12月、北京)

て日本に仏教を伝えた鑑真ゆかりの寺も、大半を焼失しました。この残酷な歴史を、私たちは決して忘れてはいけません。

　1968年9月8日。私は信頼する後継の青年たちの前で、「日中国交正常化提言」を発表しました。当時の日本政府は中国を敵視しており、私は、世間から嵐のような非難中傷を受けました。

鄧穎超先生は、最後の会見で「池田先生は私どもにとって月並みな〝友人〟ではありません。格別な方です」と語りました（1990年5月、北京）

　そんな中、私の提言に注目し、高く評価してくださった方が、周総理でした。後にそれが、両国の国交正常化（1972年9月）のきっかけの1つとなりました。
　総理は、中国とアジア、ひいては世界の行方を決定づけた「20世紀の諸葛孔明（『三国志』の名宰相）」ともいうべき方でした。

古い友人を大切に　新しい友をつくろう　97

新中国が誕生した1949年に、総理兼外務大臣に就任されました。「生命不息　戦闘不止（命ある限り、闘いを止めず）」との信念のまま、民衆に尽くし抜き、1976年1月に逝去されるまで総理を務められたのです。

平和の地球は友情から！
自ら声をかけよう。自ら善き友になろう

　1974年12月、周総理と私は、「一期一会」の出会いを果たしました。その時、総理は重い病で入院中でした。それでも私との会見を望んでくださったのです。医師からも〝命の保証ができません〟と忠告されました。私も総理のお体が心配で、いったんは会見を辞退しました。しかし、総理は、「どんなことがあっても会わねばならない」と言われ、私に直接、両国友好の後事を託してくださったのです。

　その席上、総理は日本に留学された時のことを、懐かしそうに振り返られました。私は「桜の咲くころに、ぜひ、もう1度、日本に来てください」と申し上げました。総理は「願望はありますが、実現は無理でしょう」と答えられました。

　桂林を訪れた5回目の訪中の際、北京のご自宅を訪問し、鄧穎超先生と、亡き周総理の思い出を語り合いました。その日に行われた歓迎の集いで、鄧先生は総理との大切な思い出を教

えてくださいました。「若き日、恩来同志と二人で約束したことがあります。それは、人民のために奉仕するということです。死んでもこのことは同じです」と。

総理との約束の通り生き抜かれた鄧先生もまた、民衆奉仕の信念の方でした。何度も出会いを重ね、私たちを家族のように大切にしてくださいました。

最後にお会いしたのは1990年5月のこと。会見が終わり、ご自宅を後にしようとした時でした。立つことも歩くことも困難だった鄧先生が、両脇を支えられて玄関の外まで出てこられたのです。1度乗った車を降りて、再び、ご挨拶しましたが、それこそ私たちが見えなくなるまで、じっと見送ってくださったのです。そのお姿は、今も瞼に焼き付いて離れません。

わが創価大学には、周総理との永遠の友情を誓い、中国からの留学生と共に植樹した「周桜」があります。また、鄧穎超先生の来日を記念した「周夫婦桜」も植えられています。「周桜」「周夫婦桜」のもとには、ご夫妻を偲んで多くの人が訪れます。

私は、尊敬してやまない鄧先生に、詩「縁の桜」を捧げました。

時は去り時は巡り
現し世に移ろいあれど

古い友人を大切に　新しい友をつくろう　99

縁の桜は輝き増して
友好の万代なるを語り継げり
……

　うれしいことに、詩をもとにして「桜花縁」という曲が生まれました。中国大使館の関係者にもご参加いただく創大の観桜会で披露されるなど、日中両国の青年に歌い継がれています。

　国交正常化後、中国から初の正式な留学生を受け入れたのは、創価大学です。その創大から中国への留学生は、1000人を超えています。創大生が日中友好の先頭に立っていることほど、創立者としての喜びはありません。

　中国は、「老朋友（古い友人）」を大切にします。長く友情を育んでいくことを重んずる「友誼の国」「信義の国」です。

　いやまして両国の間に永遠に万朶と友好の花が咲き続けることを、私は願ってやみません。未来部の皆さんが、私が築いた日中友好の「金の橋」を渡り、平和と友情の道をさらに大きく開いてくれることを楽しみにしています。

　周総理も、鄧先生も、「友情の偉人」でした。名もなき民衆を、わが家族のように大切にし、たった1度の出会いですら忘れない、慈悲と真心の英雄でした。

「自分と縁あるものを、一つ一つ大切にし、決して断絶してはならない」――これは、周総理の若き日の決意です。

大変な時に、友情の真価がわかります。皆さんも、友人と意見がぶつかったり、ちょっとしたことで誤解してしまったりすることもあるでしょう。しかし、そうしたことを乗り越えるたびに、友情は鍛えられるのです。本物の友情は築けるのです。

ゆえに、焦らずに新たな出会いを重ね、自ら声をかけて友情を結び、育んでいってください。

自らが「善き友」になっていけば、「善き友」の連帯は、さらに広がります。そのなかで、自分では気がつかない自分の善い点も発見できます。友情こそ、人生を力強く生きる勇気の源泉なのです。

ゆえに、私は申し上げたいのです。君よ、貴女よ、平和な地球を築きゆく「友情博士」たれ！　と。

※参考文献は、アーノルド・J・トインビー著『試練に立つ文明』深瀬基寛訳（社会思想社）。陳舜臣著『九点煙記　中国史十八景』（毎日新聞社）。

古い友人を大切に　新しい友をつくろう　101

9. バンコクの河畔で

真面目な人が勝利の笑顔を広げる人

　伸びゆく若人の笑顔ほど、まばゆいものはありません。

　未来を見つめる若人の瞳ほど、涼やかなものはありません。

　日蓮大聖人は、「人の魂は顔に現れ、その顔に現れている魂は、眼の中に収まっているものである」（御書1402ページ、趣意）と仰せです。

　若くして、正しい信仰という、太陽の魂を持った皆さん方には、ひときわ明るい笑顔と、凜々しい瞳が光っています。

　私は、世界を旅して多くの出会いを重ねてきました。その中で、〝発見〟したことがあります。

　それは、いずこの国であれ、いかなる状況であれ、青年の瞳が希望に燃えている限り、未来は必ず開かれるということです。

　「微笑みの国」とたたえられるタイ王国でも、たくさんの「美しき瞳」と出会いました。

102　9. バンコクの河畔で

〝水の都〟と呼ばれるバンコクの象徴チャオプラヤー川。庶民の生活は、この川とともにありました。池田先生は「微笑みの国」の限りない未来に期待を寄せつつ、少年が操る水上バスにカメラを向けました(1988年2月)

真面目な人が勝利の笑顔を広げる人

1988年の2月、私は首都バンコクにあるSGIのタイ会館を訪問し、タイの繁栄と幸福を、愛する同志と共に祈念しました。

　そして、次の行事の合間に、〝母なる大河〟チャオプラヤー川のほとりに立ち寄りました。

　わが故郷・大田の多摩川べりに立ったような懐かしさと安らぎを感じる場所です。

　目の前を、一人の少年が操る水上バスが、にぎやかなエンジン音を響かせて通り過ぎました。その音に促されるように、私はシャッターを切りました。「微笑みの国に、さらに輝く微笑みあれ」との願いを込めて──。

　タイを潤し、世界有数の稲作地帯にしたのも、チャオプラヤー川であり、歴代の王朝の都も、すべて、その河畔に建設されました。

　美しい言葉が残されています。

　「どこかに涼やかな河が流れていれば、旅人たちが必ず寄ってくる。彼らは河のほとりで水を浴びたり、飲んだり、安心してくつろぎ、楽しむ。誠実な良き人はこの川のようである」

　タイは仏教国です。人々はタイ仏教の教えに従い、日々、「善い行い」を積み重ねることに、幸福と喜びを見いだして生

きています。

　御書には、「陰徳あれば陽報あり」(1178㌻、1180㌻)と、希望の未来を開く「方程式」が示されています。「陰徳」とは、地道に「善い行い」を積み重ねることです。その努力の先には、必ず「陽報」、すなわち晴れ晴れとした勝利の道が開けていくのです。

　タイは、1980年代末から飛躍的に経済が発展。通貨危機や大洪水なども乗り越えた〝不屈の国〟です。自動車産業が盛んなことから、「東洋のデトロイト」と呼ばれるまでになりました。

　1961年の初訪問以来、6度にわたりこの地を訪れ、繁栄を祈り続けてきた私にとって、何よりうれしいことです。

　今日のタイの大発展を象徴し、国民から広く敬愛されてやまない指導者こそ、プーミポン・アドゥンヤデート国王です。

　国王は1946年に即位されました(1927年～2016年)。

　私は、バンコクのチトラダ宮殿を訪れ、3度にわたって国王を表敬いたしました。

　国王の信条の1つに、「大事なことは、悪人にいばらせぬよう、善人が、もっともっと成長することです」とあります。

　「国民のために!」「国民に尽くし抜く!」と、歴代王室の誰

1994年2月、池田先生はプーミポン国王と3度目の会見を。芸術・文化の振興にも力を注がれる国王は、国民から「文化大王」とたたえられています

も足を踏み入れたことのない辺地にまで行かれたことも有名です。

愛用するカメラを首にかけ、鉛筆と地図を手に、長靴を泥まみれにして歩かれる。その土地の人々の要望にじっくりと耳を傾け、何ができるかを一緒に考え、具体的な救済策を示されたのです。

いつも変わらぬ、聡明にして温かな人格。そして、真剣な眼差し——国王は、タイ国民の最高の手本です。

プーミポン国王に、青年たちへの指針を伺ったことがあります。国王は、万感を込めて語ってくださいました。

「時は過去・現在・未来と、瞬時もたゆまず流れていきます。そして、時とともに一切は変化していきます。そこで大切なことは、将来のことを思い悩むよりも、現在にこそ自己のベストを尽くすことです。現在の課題に対し、誠実に、勤勉に取り組んでいくことです」と。

誠実に、勤勉に、今この時に、ベストを尽くす——それは、一言で「真面目であること」と言いかえてもいいかもしれません。

私がタイで出会った方々は、皆、本当に真面目です。老若男女を問わず、誠実であり、勤勉でした。そして真剣に、この国の未来のために働いておられました。

真面目な人が勝利の笑顔を広げる人　107

ベストを尽くせ！ 挑戦した分だけ前進できる

2015年の4月には、プーミポン国王の次女であるシリントーン王女が、新緑輝く創価大学のキャンパスを訪問して、記念講演を行ってくださいました。

王女は、タイの名門チュラロンコン大学、タマサート大学と創大の長年にわたる交流に触れるとともに、ご自身が取り組まれている「万人のための教育」の実現への熱意を語られました。構内見学の折など、ペンとノートを手に、丹念にメモをとられる姿にも、皆が感銘しておりました。

まさに、国王ゆずりの「誠実さ」「勤勉さ」、そして「英邁さ」です。

残念なことに、今の世の中には〝真面目さ〟をからかうような風潮が見受けられます。もしかしたら皆さんの中にも、「真面目な人」と聞くと、近寄りがたいような、マイナスのイメージを持つ人がいるかもしれません。

勉強も、クラブ活動も、真面目にやれば、忙しいし、苦労も多い。

しかし、これだけは言えます。真面目にベストを尽くして、うまくできれば自信になる。たとえ、うまくいかなくても、挑戦した分、前進できる。次につながります。

プーミポン国王の次女であるシリントーン王女が新緑の創価大学を訪問。国民に献身される崇高なご精神と国際的な活動をたたえ、創大から「名誉教育学博士号」が贈られました（2015年4月）

やり切ったという充実感があり、後悔が残りません。

真面目な人が偉い人です。最後は必ず勝利します。

創価教育の父であり、小学校の校長であった牧口常三郎先生は、教員を採用するにあたって、最も大切にされたのは、「真面目であること」でした。

その弟子の戸田城聖先生も、「信用できない人間」として「生活態度が不真面目な人」を挙げ、そういう人物にだまされないよう、青年に教えてくださいました。

信仰とは、何にもまして「真面目」な世界です。

皆さんのお父さん、お母さんたちは、毎日毎日、誠実に、勤勉に、友のため、地域のために、ベストを尽くしておられます。

そうした真面目に生きる庶民を、私は1番、信頼しています。だからこそ、真面目な人をバカにしたり、いじめたりする人間とは、断固として戦うのです。

学会は、「真面目な人の集い」です。ゆえに、強く正しい。だから明るく、楽しく、朗らかなのです。

192カ国・地域に広がる「平和のネットワーク」を築くことができたのは、人々の幸福のために、世界の平和のために、真面目に取り組んできたからです。

「真面目な人が最も幸福な人」——これが、人生の鉄則であり、多くの友を見守り続けてきた私の結論です。

「礼儀の国」とも謳われるタイのあいさつには、「ワイ」と呼ばれる合掌の礼があります。

法華経には、「不軽菩薩」という菩薩が登場します。「不軽」つまり「軽んじない」という名前の通り、誰人にも尊厳な仏の生命があると敬って、礼拝をした菩薩です。

仏法上、「礼拝」には深い意義があります。この心を込めて、私もタイでお会いする方々と、こちらから合掌して、あいさつをしました。目の前の、この子も、あの青年も、どんな使命をもった人なのか計りしれない。そう思うと、自然に胸の前で手を合わさずにはいられませんでした。

「インディー・トーン・ラップ!」(タイ語で「ようこそ!」)——1994年2月、落成したばかりの新会館を訪れた折には、民族衣装を身にまとった10人の未来部員たちが、美しいジャスミンの花輪で歓迎してくれました。

あの瞳の輝き! 誇らかで快活な笑顔! 私は、皆の成長と幸福と勝利を祈りながら、未来の主役である創価の王子、王女たちと、宝のひとときを過ごしました。

あの日から20数年。大変うれしいことに、出会いを刻んだ当時の未来部メンバーが、立派な人材に育っています。

一人ひとりが、「未来部時代から、一生懸命に、学会活動に

真面目な人が勝利の笑顔を広げる人　111

励んできたからこそ、辛い時、苦しい時も、前に進むことができます」と報告を届けてくれました。

✈ ✈ ✈

　私は、親愛なるタイの同志に詩を贈ったことがあります。そこに、願いを込めて綴りました。

「人を愛し

　人を慈しみ

　人々に親しまれ

　〝あの人と話をしていると

　泉のように勇気が湧いてくる〟

　〝あの人の笑顔は

　厚い雲間から差しこんでくる

　燦たる陽光のようだ〟

　〝あの人のそばにいるだけで

　心から安堵する〟

　と周囲に希望を与えゆく

　慈愛の心を持った

　お一人お一人であれと

　私は　いつも念じている

　信仰とは

そのためにあることを忘れてはならない」

　未来部の皆さんも、「あの人がいれば」と慕われ、信頼される人に成長していただきたい。

　元気に題目を唱えながら、粘り強く眼前の課題に取り組み、真面目に努力する──その中で、偉大な人格も磨かれます。

　大聖人は、こう仰せです。

　「大木の下の小さな木、また、大河のほとりの草は、直接、雨にあたることがなく、直接、水を得ることがなくても、自然に伝わる露を得、水気を得て、栄えていくのです」（御書1170ページ、通解）

　だから──

　君が、勇気の大樹になればいい。貴女が、幸福の大河になればいい。

　そうすれば、友に希望を、父母に安心を、皆に喜びを送ることができます。

　未来部の皆さんの成長を、勝利を、私は、真剣に祈っていきます。

真面目な人が勝利の笑顔を広げる人　113

10. スイスの旗

後継者とは
「学び続ける人」なり

　スイスの思想家ヒルティは叫びました。

　「さあ、前進だ、断固として『より高きをめざせ』」と。

　皆さんも、学業、クラブ活動、読書、自由研究など、何でもいい。"これをやり遂げる"という、「より高き」目標を掲げて挑戦してはどうだろうか。

　目標とは、1日1日を充実させゆく「希望の旗」です。烈風にも怯まずに立ち向かう「挑戦の旗」です。

　今、世界は混迷を深め、痛ましい事件が絶えません。人類は、正しい哲学を持った力ある青年の成長をどれほど待ち望んでいるか。

　歴史上の偉大な先人たちも、わが創価の若人に、無限の期待を込めて、前進の旗を託しているように、私には思えてなりません。

Zurich(Switzerland)

〝善良にして賢明な住民が、この町を素晴らしいものにしている〟——多くの訪問者がたたえるチューリヒの町で、池田先生は街路に掲げられた旗にカメラを向けました（1983年6月）

後継者とは「学び続ける人」なり　*115*

8月1日は、スイスの建国記念日です。1291年、圧政に抗して、異なる3つの地域の代表が、自由と自治を守るために永久同盟を結成した日です。この「誓い」のもとに周辺の地域が集い、やがて国ができあがりました。

各地で開かれる祭典では「旗投げ」が行われます。国や地域の旗を空高く投げて、その旗を受け止める伝統行事です。最古のスポーツの1つとして、世代を超えて受け継がれてきました。夏空高く舞う旗を仰ぎ見つめながら、人々はスイス国家の淵源となった、いにしえの「誓い」を、胸の奥に呼び起こすのです。

私は1961年の10月に、初めてスイスを訪れました。以来、訪問は6回を数えます。

ヨーロッパの中心部に位置し、フランス、ドイツ、イタリアなどと隣接するスイス。九州地方ほどの面積の国土には、アルプス山脈に代表される、4000メートル級の山々が50近くも連なっています。とともに、ライン川などヨーロッパの大地を潤す大河が、その源を発しています。

一方で建国からこの方、常に侵略の脅威と隣り合わせでした。周囲は大国に囲まれています。資源には恵まれず、人口が多いわけでもありません。

SGIの人道支援をたたえて、UNHCR（国連難民高等弁務官事務所）が池田先生に「人道賞」を授与。先生は受章について〝青年部の献身的な活動が結実したものです〟と語られました（1989年6月、スイス・ジュネーブのUNHCR本部）

　では、困難な環境下で、この国が繁栄を続けてきた要因は何か。

　それは、「人材」です。

　スイスのノーベル賞受賞者数は、人口比で世界1位。経済競争力も世界最高峰を誇ります。

　スイスでは、話す言語も地域ごとに異なります。現在では、ドイツ語、フランス語、イタリア語、ロマンシュ語の4つの言語が公用語とされています。小学校では、自分たちの地域以外の他の言語も教えられています。

後継者とは「学び続ける人」なり　117

自分たちの民族の伝統や文化を大事にしながら、しかも異なる伝統や文化を持つ人とも互いに学び合い、共存し連帯して、スイスという国を守り支えてきたのです。今、「分断」に苦しむ世界が、学ぶべき知恵が光っています。

　創価の父・牧口常三郎先生は、言われました。

　「偉い人を見ては、私もああいう人になりたいものだと、常に自分より優れた人、よくできる友達を尊敬し、それを手本として勉強している人は、一歩一歩、向上発展しつつある人であります」

　人から学べる人は、常に向上していける。本当に賢い人とは、どんな人からでも「学べる人」「学ぼうとする人」です。

　学びの人は、相手の尊さを知っています。紛争や災害があれば、スイスの援助隊は世界中に駆けつけます。赤十字国際委員会を創始したのも、スイスのアンリ・デュナンです。国連欧州本部など多くの国際機関が集まるのも、この国民性と無関係ではないでしょう。

　私の信頼するスイスの青年たちもまた、社会貢献の人材山脈として堂々とそびえ立っています。

悩んだ分　苦労した分だけ心は強く大きく

　スイスといえば、忘れられないのが「国民教育の父」とたた

えられる、チューリヒ生まれのペスタロッチです。

私の恩師・戸田城聖先生の会社で、雑誌「少年日本」の編集長を務めていた折、「山本伸一郎」のペンネームで「大教育家ペスタロッチ」と題する伝記を書いた思い出もあります。

初訪問の折、チューリヒ湖から駅に向かう途中、子どもに手を差し伸べたペスタロッチの像と出あい、この宝の大教育者の生涯に思いをはせました。

──医師の家に生まれたペスタロッチは、幼くして父親を亡くし、母親と家政婦さんの手で育てられました。学校の成績は決してよくはありませんでした。それでも学問の道へ駆り立てたのは、幼少期に目の当たりにした、虐げられて苦しむ民衆の現実です。ペスタロッチ青年は、苦悩と悲惨の中で生きる人々に生涯、尽くしていこう、そのために学ぶのだと、誓ったのです。

大志を抱いて牧師、法律家、農業などの仕事を志しますが、ことごとく失敗してしまいました。でも彼は、どんなに厳しい状況でも決して諦めなかった。強く朗らかに「ほんものの金は焼けてなくなるようなことはありません。金は燃える炎のなかに入れられると、ただ精錬される（＝不純物が取り除かれる）だけのことです」と、負けじ魂を燃やしたのです。

彼はやがて、農家で働きながら、学校に通うことのできない子どもたちを集めて教育を始めます。私財をつぎ込んだため、

後継者とは「学び続ける人」なり　119

生活は貧しくなり、周囲の人々も遠ざかっていきました。

しかし、彼はへこたれません。

「人間というものは精神と心情とを高めるために生まれてきているのです」「どんな境遇の人間にでも、人間本性の気高い素質が見出されるとわたしは思います」と。

人生は成長するためにこそある。そして、教育さえあれば誰でも成長できるという信念を貫き通していったのです。

その後、苦闘の最中につづった教育小説がベストセラーとなり、世の中に知られるようになりました。人生の幕を閉じるまで教育に大情熱を傾け続けていきました。

私もまた、「人生の総仕上げの事業は教育なり」との思いで取り組んできました。創価大学をはじめ、創価女子短大、アメリカ創価大学、創価学園の発展のため、また世界の人材の育成のため、これからも全精魂を注いでいきます。

✈ ✈ ✈

ペスタロッチは生涯、苦難の中で、こよなく青年を愛し、人間教育の模範の歴史を残しました。その不屈の闘志、深い人間愛を思う時、わが恩師の姿が生き生きと蘇ってきます。

8月14日は、私が戸田先生と初めてお会いした日です。1947年、東京・蒲田での座談会でのことでした。「池田君は、幾つになったね」と慈父のように接してくださる先生に、私は

「正しい人生とは、いったい、どういう人生をいうのでしょうか」と尋ねました。先生は丁寧に答えられた上で、こう私に呼び掛けてくださったのです。「正しい人生とは何ぞや、と考えるのもよい。しかし、考える暇に、日蓮大聖人の仏法を実践してごらんなさい。青年じゃありませんか。必ずいつか、自然に、自分が正しい人生を歩んでいることを、いやでも発見するでしょう」と。

先生は、後継の旗を持つ青年を、真剣に求め、そして育てようとされていました。

名もなき一青年を信じてくださる、あの温かな眼差しと声を忘れることはできません。その後、戸田先生が軍部政府の弾圧に屈せず、投獄された方だと知り、この人であれば信じられると確信を深くしたのです。

戸田先生と共に、生涯の法戦に挑んで幾年月──。私は、命をかけて、師弟の城、創価の城を護り抜いてきました。この民衆の城に翻る広宣流布の旗、すなわち「世界の平和と人類の幸福」への誓いの旗を、信頼する未来部の皆さんに、私は託したいのです。

使命深きゆえに、困難にぶつかり、悩むこともあるでしょう。しかし、悩んだ分だけ、苦労した分だけ力がつく。人の気持ちが分かる。周りを包み込める人になれる。その自身の心を強く大きく鍛え上げるために、今はまず学ぶことです。

後継者とは「学び続ける人」なり　121

スイスのSGIメンバーらと記念撮影。池田先生は滞在中に受けた同志の真心に感謝を述べ、皆の健康と活躍を望みました（1989年6月、ジュネーブ市内）

　日蓮大聖人は「幼少の時より学文に心をかけし」（御書1292ｼﾞｰ）と、若き日から徹底して学問に挑まれた。「日本第一の智者となし給へ」（同）と願いを立てられ、民衆のために学び抜かれたのです。尊い使命を果たしゆく推進力は「学ぶ」ことなのです。

　私の青春時代も、戸田先生のもとで学びに学んだ毎日でした。

122　10. スイスの旗

先生はあらゆる学問を一対一で教えてくれました。最初は日曜に先生のご自宅での個人教授です。それでも勉強時間が足りず、やがて平日朝、仕事が始まる前に講義してくださいました。

戸田先生がおられるところ、いつでも、どこでも、そこは「戸田大学」でした。先生からは、「大作、今は何を読んでいるか」と、よく尋ねられました。スイス生まれの思想家ルソーの名著『エミール』についてお話ししたことも、懐かしい師弟の劇です。

人間学の「天才」であられた師匠に学ぶ学問は、何よりの楽しみでした。すべては将来のための厳愛の薫陶でした。この学びがあったからこそ、後に、世界的な学者や指導者の方々と自在に対談できるようにもなったのです。

学会創立100周年の2030年には、皆さんは、頼もしく、凛々しい青年になっているでしょう。私が戸田門下の青年代表として、「立正安国」という、より良き社会の建設のための民衆運動の先頭に立ち始め、第3代会長に就任していく年代と重なります。

学び、力をつけた皆さんが、どれほど遠大な世界広宣流布の未来の扉を開いてくれるだろうかと思うと、私の胸は躍ります。

後継者とは「学び続ける人」なり　123

2016年、東京・上野にある国立西洋美術館が世界文化遺産に登録されました。

　この美術館を設計したのが、スイス生まれの大建築家ル・コルビュジエです。彼は、こんな言葉を残しています。

　「学びとることは？　それは毎日の喜びであり、生活における太陽の光である」と。

　弛（たゆ）まず学びゆく青春の日々には、営々（えいえい）と築かれてきた人類の知の遺産を見いだす歓喜があります。世界と宇宙を照（て）らす英知の陽光に輝（かがや）くその歩みこそ、何ものにも負けない人類の希望なのです。

　「創価」とは「価値創造（かちそうぞう）」。

　創価後継の人とは、学び続け、そして、限りなく幸福と平和の価値を創造しゆく人なのです。

※ヒルティの言葉は『幸福論（第三部）』草間平作・大和邦太郎訳（岩波書店）。ペスタロッチは「新年講演」佐藤正夫訳（『ペスタロッチー全集第10巻』所収、平凡社）。ル・コルビュジエは『伽藍が白かったとき』生田勉・樋口清訳（岩波書店）。

未来部員に限りない信頼と期待を寄せる池田先生(1975年8月、東京・創価大学)

11. アンデス越えたり

「学べ勝ち抜け世界まで」

　山は、頼もしい心の友達です。

　どんな時でも、どっしりとそびえ立つ山を仰げば、わが心も悠然と定まります。

　私たちの地球には、壮大なスケールの山脈がたくさんあります。

　私も世界を駆け巡る中、王者の風格の山々を目の当たりにしてきました。とりわけ、南米大陸のアンデス山脈の光景は圧巻でした。

　アンデスは、南北7つの国にまたがって縦断し、地球を約4分の1周するほどの長さです。

　1993年の1月から、57日間にわたった北南米広布の旅路は、アメリカを起点に、コロンビア、ブラジル、アルゼンチン、パラグアイを訪問して、チリ共和国を目指しました。

　機中から眼下にパノラマのように〝アンデスの山容〟が広が

1993年2月23日午後、パラグアイでの諸行事を終えた池田先生を乗せ、飛行機は進路を西に、50カ国目の訪問国チリへ。機中、先生は、白雪輝くアンデス山脈にカメラを向けました（池田先生撮影）

「学べ勝ち抜け　世界まで」　127

っていました。

　かつて、南米解放の英雄サンマルチンが東から西へ、その難所を越えて進軍し、不可能を可能にして民衆の勝利を決定づけた「アンデス越え」の歴史は有名です。

　1960年に、私がアメリカに世界への第一歩をしるしてから、チリで50カ国目でした。私は、胸中の恩師・戸田城聖先生に呼び掛けました。

　「先生！　私は永遠に先生とご一緒に、世界広布の山また山を、勇気凜々と越えていきます」と。

　戸田先生はご逝去の直前、私に言われました。

　「昨日は、メキシコへ行った夢を見たよ。待っていた、みんな待っていたよ」と。

　そして、私をじっとご覧になり、「世界が相手だ。君の本当の舞台は世界だよ」と語られ、私の手を力強く握ってくださいました。

　日本の広宣流布の願業を成就された戸田先生は、弟子の私に、「世界広布」という壮大な夢を託してくださったのです。

　私は、恩師の心を抱きしめて、戦い抜いてきました。医師からは「30歳までは生きられない」と言われたほど、病弱な体です。それでも、ただ恩師の構想を実現しようと走り続けてき

たのです。

　日本からは地球の反対側、最も遠い南米の国々でも、すでに多くの同志が活躍していました。

　チリの首都サンティアゴに近づいた時、私は再び飛行機の窓から外に目をやりました。いつしか日は落ち、夕映えが、雪を頂いた山々を鮮やかに染めています。上空を見上げると、美しい三日月と金星が輝いていました。私は、この日、詠みました。

　　　　荘厳な
　　　　　金色に包まれ
　　　　　　　白雪の
　　　　　アンデス越えたり
　　　　　　　我は勝ちたり

　私の世界への道は「師弟共戦の道」です。いつでも、どこでも、私の心は恩師と共にありました。

　師の夢は、弟子の夢です。

　弟子の勝利は、師の勝利です。

　これが「創価の師弟」です。

　後継の未来部の皆さんも、この「師弟の道」に続いてください。

「学べ勝ち抜け　世界まで」　129

未来部は私の生命です。未来部の勝利こそが、私の勝利なのです。

　「人生はつねにこれからの作業、みずからの天命を果たす永続的な挑戦の場である」

　これは、私が尊敬してやまないチリのパトリシオ・エイルウィン元大統領の言葉です。

　エイルウィン氏は、16年半にも及んだ軍事政権に終止符を打ち、チリの民主化をリードした哲人政治家です。1990年3月から4年間、大統領として、国の発展に尽力しました。1992年11月には、チリの国家元首としては初めてとなる歴史的な来日を果たし、その時、私も東京でお会いしました。

　その3カ月後、今度は私が、チリの大統領府を表敬し、再会を喜び合ったのです。

　1994年7月にも、創価大学にエイルウィンご夫妻をお迎えし、交流を重ねました。

　氏との語らいは、後に対談集『太平洋の旭日』として発刊されました。

　穏やかな口調、飾らない人柄、そして、「社会正義」を貫く鋼鉄の信念――その雄姿は、今も脳裏に焼き付いて離れません。あるチリの新聞は「厳しい現実の試練も消し去れなかった

1993年2月、池田先生はチリの大統領府を表敬し、エイルウィン大統領と再会。大統領は「会長とトインビー博士との対談集をすべて読みました。本日は、訪問していただき、光栄です」と語りました

微笑」とたたえたそうですが、まさに、太陽のような明るい笑顔が印象的な方です。

氏も、少年時代、体が弱かったそうです。しかし、「病弱であったことが、多くの読書の時間を与えてくれた」と述懐されているように、たくさんの良書をひもとかれました。座右の書の1つは、フランスの文豪ビクトル・ユゴーの『レ・ミゼラブル』です。

氏は、「少年時代の読書が、後に取り組むようになる社会問題、とりわけ、貧しい人々が抱える諸問題に対する感性を育んだ」と振り返っています。氏の偉大な「天命」は、若き日の良書との格闘の中で磨かれたのです。

さらに、氏のお父さまの生き方が、大きな影響を与えました。幼少期に両親を亡くしたお父さまは、その悲しみをぐっとこらえ、苦労しながら必死に勉強を積み重ねました。そして、弁護士の資格を取得し、人々のために尽くしました。晩年には、チリの最高裁判所の長官まで務められています。

「自分自身に対しては非常に厳しかったのですが、自分以外の人々に対しては気さくであたたかく接し、貧しい人々のことに、いつも心を砕いていた」──そんな父の背中を見て、氏もまた、「社会正義」に生命を捧げていきます。父に続いて弁護士になり、懸命に働きました。そこで、世の中のさまざまな課題に直面します。

「法と正義」を追求する氏は、自身の天命を果たす「挑戦の場」として、同時に政治の道を選びました。

当時、チリでは軍事政権のもと、多くの人々が投獄され、100万人が亡命を強いられたとも言われます。幾多の民衆が犠牲になったのです。

そんな困難な時代の中でも、ひるまず、臆さず、戦い抜いてきたエイルウィン氏に、大きな転機が訪れます。

1988年10月、軍事政権は、政府を信任するかどうかをはかる「国民投票」を決めました。

巨大な権力を独占していた軍事政権は、国民に自分たちの正統性を信任させることができると、甘くみていたのです。

民衆を信頼する氏は、この選挙を受けて立ちました。軍事政権側の思惑を逆手にとって、国民投票で独裁主義を終わらせよう、と。

その時、周囲からは、「どうせ勝てっこない」と冷ややかに笑われたそうです。

しかし、どんなに難しい状況であろうと、氏は正義のために、「断じて勝つ!」と決めました。1人また1人と糾合し、民主主義を望む民衆の連帯を広げていきました。

「暴力」ではなく「声」で。「命令」ではなく「スマイル」で。「臆病」ではなく「勇気」で。「絶望の叫び」ではなく「希望の歌声」で──。

「学べ勝ち抜け　世界まで」　133

そして、国民投票の結果、ついに軍事政権に「ノー!」を突きつけたのです。アンデスがそびえるチリの空高く、民衆勝利の大歓声がこだました瞬間でした。

　後に、氏は語っています。

　「歴史というものは、より良き世界を築くために、すべてを賭(か)けて戦う人々によって創(つく)られる」

　「断じて勝つ!」——その強い志(こころざし)と命をかけた挑戦が、歴史を動かす原動力になったのです。

人生は勝負!　自分自身の弱い心に勝て

　チリは燃え立つ詩心の国です。ノーベル文学賞を受賞した大詩人のネルーダは叫びました。

　「人間は、すべての災難より偉大である」

　どんな災難も、どんな試練も、どんな不幸も、人間を打ち負かすことはできません。

　なぜ、「人間は偉大」なのか。それは「苦難と戦う」からです。そして「勝ち越える」からです。

　日蓮大聖人は「夫(そ)れ仏法と申(もう)すは勝負をさきとし」(御書1165ページ(おお))と仰せになられました。

　「仏法は勝負」であり、人生も勝負です。

　皆さんにも毎日、勝負がある。

1993年2月、池田先生はパラグアイ文化会館を初訪問。会合前に未来部のメンバーに手品を披露され、激励。友は今、青年部のリーダー、医師、教員などとして活躍しています

「学べ勝ち抜け 世界まで」

勉強も勝負。試験も勝負。スポーツも勝負。朝、起きて、布団から飛び出すのも勝負なら、勉強机に向かうのも勝負。親孝行するのも勝負です。

毎日毎日、「もうダメだ」「もう、いいや」という弱い心に勝たねばならない。根本は「自分に勝つ」ことです。

その勝利の最極の源泉が、信心であり、題目です。

「勝つ!」と決めて御本尊に祈り、そして努力を重ねていけば、すべてに勝利できます。

たとえ、1度は負けても、次に勝てばいい。今日負けても、明日勝てばいい。100戦して99回負けたとしても、最後に勝てば勝利なのです。

この執念の戦いが、人間を偉大にします。

私は、創価学園の愛唱歌「負けじ魂ここにあり」に、5番の歌詞を贈り、そこに、こう綴りました。

学べ勝ち抜け　世界まで
負けじ魂　朗らかに

何があっても、学び続ける青春に、悲愴感はありません。どこまでも朗らかで、明るく、楽しく、皆に笑顔を広げていけるのです。

チリ訪問の2日前、私は、パラグアイSGIの総会に参加して、親愛なる同志に語りました。

　「どこまでいっても人生は〝戦い〟である。断じて負けてはならない。信仰という、最高に赫々たる太陽を燃やしながら、『私は勝った』と言いきれる一生を、生きぬいていただきたい」

　当時、出席していた未来部の友も、皆、立派に成長して、見事な勝利の実証を示してくれています。

　さあ、皆さんの「青春の本舞台」へ、今ここから、新たな決意で出発しよう！

　あの山も、この山も、たくましく乗り越えながら、「私は勝った！」──こう誇り高く叫び切っていこうよ！

※参考文献は伊藤千尋著『燃える中南米』（岩波新書）。G．ガルシア＝マルケス著『戒厳令下チリ潜入記』後藤政子訳（岩波新書）。パトリシオ・エイルウィン／池田大作著『太平洋の旭日』（『池田大作全集』第108巻所収、聖教新聞社）。

「学べ勝ち抜け　世界まで」　137

12. 韓国・済州島（チェジュ）の「宝の海」

冬は必ず春に！
君の前途は洋々たり

　元気に走り抜いている皆さんの健闘を、私はたたえたい。努力と挑戦の息吹（いぶき）が、私にも、うれしく伝わってきます。

　皆さんの活躍の陰には、家族や友達をはじめ、日頃（ひごろ）から支えてくれている方々が、たくさんいることでしょう。

　「いつも、ありがとうございます」と、真心の「感謝の言葉」を届けよう！

　「ありがとう」の一言には、不思議な力（ちから）があります。人生を豊かにし、心の絆（きずな）を限りなく広げます。いくつもの奇跡を起こす言葉です。

　それは、世界共通の真理です。

　「サンキュー」（英語）

　「グラシアス」（スペイン語）

　「グラッチェ」（イタリア語）

　「スパシーバ」（ロシア語）

美しい景観を誇る〝憧れの島〟済州島。池田先生は、島の発展と、未来の日韓友好を心から願い、紺碧の海にカメラを向けました（1999年5月）

冬は必ず春に！ 君の前途は洋々たり　　139

「ダンケ」(ドイツ語)

「メルシー」(フランス語)

「オブリガード」(ポルトガル語)

「謝謝(シェシェ)」「多謝(トーチェ)」(中国語)

そして、「カムサハムニダ」(韓国語)……

どれも、私が世界中の方々と交流する中で、真心を託してきた言葉です。

平和や友好といっても、他者への「感謝の思い」を伝えることから始まる──これは、私の変わらざる信念です。

一人の日本人として、感謝しても、し尽くせない国があります。それは、お隣の国・韓国です。

私は常々、韓国は「兄の国」であり、「文化大恩(だいおん)の国」であると、訴えてきました。

韓国から日本に伝わったものは、文化や技術など、数多くあります。漢字や紙、墨(すみ)、稲作、鉄器・青銅器(せいどうき)……。インドで生まれた仏教もまた、中国から韓・朝鮮半島をへて、日本に伝えられたのです。

日本は、韓国に対して深い感謝を忘れずに、一段と深い友好を結んでいかねばならない。私は、この一心で行動を続けてきました。

1999年5月、私は、韓国の「三麗（美しき自然と果実と心）」「三宝（宝の海の幸、植物、島言葉）」の島とうたわれる済州島を訪問しました。光栄にも、名門・国立済州大学から招聘していただいたのです。

　九州の福岡から飛行機でわずか1時間。島に着くと、爽やかな緑の薫風に、生命の奥底まで洗われる思いがしました。紺碧の海が鮮烈でした。

　「一衣帯水」という言葉があります。一筋の帯のような海で結ばれているという意味です。手を取り合って進む両国の青年たちの未来に思いを馳せ、私は「友情の宝の海」にカメラを向けました。

　今や、済州島は、ユネスコの世界自然遺産にも選定された〝憧れの島〟です。しかし、日本による過酷な植民地支配をはじめ、苦難の歴史が刻まれてきました。

　そうした嵐の中を、毅然と歩み抜いてこられた方が、私の大切な友人である、国立済州大学の元総長・趙文富博士です。

　博士と私は、両国の幾多の先人の労苦を偲びつつ、古代から現代にいたる歴史の光と影について、未来の若き指導者に伝え残しゆく思いで、率直に語り合ってきました。その語らいは、2冊の対談集に結実しています。

冬は必ず春に！　君の前途は洋々たり　　141

あの日、空港に着いた私を、博士は、わざわざ出迎えに来てくださいました。堂々たる人間王者の風格。周囲の人を温かく包み込む柔和な笑顔。優しく、力強いまなざし――。1998年3月に、東京でお会いして以来の、うれしい再会でした。

　趙博士の波瀾万丈の人生の歩みは、未来部の皆さんにとって、限りない励ましになります。

　博士は、済州島の農家に生まれました。光復の日（終戦の日=1945年8月15日）を迎えたのは、小学4年生の時でした。

　趙少年は懸命に学び、クラスで一番の成績を収めます。しかし、家は貧しく、政治的動乱も重なり、中学への進学は絶望的になりました。「学びたくても学べない」。少年は、その現実に、夜も眠れない日々を過ごしていました。

　そんなある日、近所を散歩していると、セメントで固められた垣根の小さな隙間から、1本の草が伸びているのを目にしました。わずかな土に必死に根を張り、つぼみを膨らませている。健気に生きよう、伸びようとする1本の草の姿が、少年の心に迫りました。

　そして、こう誓うのです。

　「この生命力こそ、自分が見習うべき気力ではないか。私も、太陽に向かって、人生の固く困難な垣根を打ち破ってみせよう。今は長い人生の間の、ただ一時の辛抱にすぎない。断じて、負けるものか」

142　　12. 韓国・済州島の「宝の海」

1999年5月、池田先生は、韓国の国立済州大学を訪問。趙文富博士（当時、総長）は〝池田先生は人類文化の発展に献身された方〟とたたえました

以来、少年は、中学の講義録を手に入れ、猛勉強を始めます。検察庁の住み込みの仕事を見つけ、夜間中学に通い始めたのは、それからしばらくしてのことでした。働きながら学ぶ学校だったのですが、仕事が忙しくて満足に授業に出ることができず、唯一自由に使える夕食の時間を抜け出して学校に行き、また職場に戻りました。皆が寝静まった夜中には、すり切れた毛布でろうそくの灯りを囲って、ひたすら勉強に励みました。
　こうした努力のかいもあり、高校の入学試験は、首席の成績で合格。けれども、学費の見通しは全くありませんでした。
　趙少年は、夜間高校の給仕として必死に働きながら、時間をこじ開けて机に向かいました。なんとか卒業にこぎつけましたが、大学受験は満足な準備ができず、不合格。それでも、諦めずに猛勉強し、1年後、最難関のソウル大学に、見事、合格を果たしたのです。

　趙少年の執念、忍耐は、創価の「負けじ魂」と相通じます。
　受験生の皆さんにかぎらず、勉強していて、「なかなか思うように成績が上がらない」「不安で自信が持てない」という時があるでしょう。でも、それは前進している証拠です。
　ですから、へこたれずに、「負けじ魂」を燃やして、挑戦を続けてください。その不屈の努力の先に、勝利の栄冠は必ず待っ

ています。

長い人生から見れば、目先の結果を超えて、勇敢なチャレンジそれ自体が、何よりも尊い宝として輝いていくのです。

苦学の中、趙青年は、ふと思いました。どうして指導者は、苦悩に沈む民衆を救ってくれないのか。民衆が悲しみ嘆いているのは、「真の知性」のリーダーがいないからではないか。

博士は、大学卒業後、未来の人材を育む「教育の道」を選び、やがて故郷に戻りました。

そして、長年にわたり、国立済州大学の隆々たる発展に、大情熱を注いでこられたのです。そこには、青春時代の労苦によって磨き抜かれた、「奉仕」と「慈愛」の心が光っています。

私が対話してきた世界の「真の知性」ともいうべき方々は、皆、若き日に、言葉に尽くせぬ苦闘を重ねていました。

私の恩師・戸田城聖先生も、高等小学校を首席で卒業しましたが、家業を支えるために進学できませんでした。それでも、屈せず、商店に勤めながら、向学心を燃やし、小学校の教員になったのです。

今は、学ぼうと思えば、いくらでも学べる時代です。遠慮したり、諦めたりする必要はありません。学ぶことは、皆さんに与えられた〝特権〟なのです。

勉強できることが、どれほど、ありがたいことか。世界には、勉強したくてもできない人が、現在でも大勢います。そう

冬は必ず春に！　君の前途は洋々たり　145

国立済州大学の「名誉文学博士号」授与式に臨む池田先生ご夫妻に、民族衣装の子どもたちから祝福の花束が。「ありがとう！ 大きくなったら創価大学に来てください」。その光景を趙総長が満面の笑みで見守っていました（1999年5月）

146　12. 韓国・済州島の「宝の海」

した人々のために学んで力をつける人こそ、「真の知性」なのです。

「真の知性」とは、単なる物知りではない。偉ぶった冷たい権威（けんい）の人間でもない。苦しんでいる人を励ませる人です。困っている人に手を差し伸べ、笑顔にできる人です。

皆さんには、人の心の痛みが分かる「真の知性」に成長してもらいたいのです。

✈　✈　✈

学びに学べ！　世界中の人々の幸せのために

創価大学と国立済州（チェジュ）大学の間には、活発な学生の交流が続いています。ある時、趙（チョ）博士は、国立済州大学に留学していた創大生たちに、激励の言葉を贈ってくださいました。

「人生、とくに青年時代には『苦労の道』と『安易（あんい）な道』の二つがあります。皆さんは若い。だからこそ、進んで『苦労の道』を選ぶことが、自分の人生のためになります。〝社会のために〟〝人のために〟という心が大事です。その心がなければ、『苦労』を自分のものにはできません。『苦労の道』と〝社会のため〟〝人のため〟という生き方──これが大事なことで、皆さんには、それを学んでほしい」

「何のため」に学ぶのか。

あえて一言で言うならば、私たちは、「幸せ」になるために

冬は必ず春に！　君の前途は洋々たり　147

学ぶのではないでしょうか。

　それは決して、自分だけの「幸せ」ではありません。

　家族や友人、世界中の人々の「幸せ」のためです。

　日蓮大聖人は、「喜とは自他共に喜ぶ事なり」「自他共に智慧と慈悲と有るを喜とは云うなり」（御書761㌻）と仰せです。

　「人のため」「社会のため」「世界のため」という大きな志を持てば、学ぶ意欲は、どこまでも高まります。勉強すること自体が、楽しくなるんです。

　「自分のため」だけの学びには、いつか限界がきて、行き詰まる。

　どうか、わが未来部の皆さんは、大いなる世界を見つめながら、心広々と朗らかに「学びの道」を歩んでいってください。そして、大勢の人を幸せにできる「智慧」と「慈悲」を発揮していただきたいのです。

　御書には、こう説かれています。

　「父母の恩の重く深いことは、大海のようである」（1563㌻、通解）と。

　大海原よりも重く深いもの。それは、皆さんが、お父さん、お母さんから受けている恩です。

　父母の大恩に応えていこう――この崇高な心から、偉大な人

生は始まるのです。

　親孝行こそ、最高の人間の道です。どうか、皆さんは、父母が喜んでくれる、強く明るく、負けない青春であってください。

　韓国の児童文学の先駆者・方定煥先生は、「伸びゆく力！躍動する生命力！」が若者であるとたたえ、「全人類の向上と成長もここにある」と期待を寄せました。

　なかんずく、人類の希望である未来部の皆さんが、毎日、真剣に粘り強く、自分自身の生命を鍛えていることが、地球の平和の春の到来に直結していきます。

　厳寒の冬の如き鍛えの日々が続くのなら、君よ、貴女よ、希望の春に向かって、進もう！　そして勝ち越えよう！

　「冬は必ず春となる」のだから！

冬は必ず春に！　君の前途は洋々たり　149

13. メキシコの空港

夢への飛翔は「今ここから！」

　5月3日は、「創価学会の日」です。

　それは、1951年、わが師・戸田城聖先生が第2代会長になられた日です。さらに1960年のこの日に、私も恩師の心を継ぎ、第3代会長に就任しました。

　そして5月5日は、わが未来部の皆さんに次代のすべてを託す、「創価学会後継者の日」です。

　未来部出身の先輩たちは、青春の誓いを胸に、世界中で、社会のために奮闘してくれています。

　中米・メキシコの詩人レイエスは、「私の家は地球である」と謳いました。これから、ますます、地球全体が、皆さんの活躍の舞台となっていきます。192カ国・地域の創価の地球家族も、皆さんが世界市民として躍り出て、思う存分に乱舞してくれる日を、待ち望んでいます。

1996年6月、コスタリカからアメリカに向かう途次、メキシコのベラクルス国際空港で刻まれた友との出会い。池田先生は、空港ビルから手を振る友を見つめつつ、シャッターを切りました

夢への飛翔は「今ここから！」　151

✈　✈　✈

　皆さんの道を開く一心で、私は世界54カ国・地域を歴訪してきました。その中でも、特別な意味を持った国があります。

　それは「メキシコ」です。戸田先生が夢に見て、「行ってみたい」と念願していた国だからです。

　私は、飛行機の給油で立ち寄ったことも含めて5回、訪問し、尊き同志たちと忘れ得ぬ出会いを刻みました。

　メキシコは、近代日本が初めて本格的な平等条約を締結した国です。ラテンアメリカで真っ先に日本人移住者を迎え入れてくれたのも、メキシコです。日本にとって、大恩ある国なのです。戸田先生は、そのメキシコに、強い関心を持たれていました。

　メキシコに関する本を読まれ、折に触れて、私にも語ってくださいました。また、幼少期をメキシコで過ごした関西の婦人に、現地の生活の様子などについて、よく尋ねられていました。その方の話を、うなずきながら楽しそうに聞かれていた笑顔が、忘れられません。

　そして1958年、亡くなる前月の3月、広布と人生の願業を成就された戸田先生は、ある朝、私を枕元に呼んで語られました。

　「大作、メキシコへ行った夢を見たよ」「待っていた。みんな

152　13. メキシコの空港

待っていたよ。日蓮大聖人の仏法を求めてな」――その夢を携えて、私は不二の弟子として、世界を駆け巡ってきたのです。

　今、メキシコ広布は、目を見張るほどの大発展を遂げています。私が第一歩をしるした1965年以来、尊き同志たちは、「良き市民」「良き国民」として誠実に社会貢献の人生を歩んできました。広布50周年の佳節を迎えた2015年11月には、メキシコ市の中心に、念願の「メキシコ平和文化センター」が誕生しました。

　恩師が満面の笑みで喜ばれる姿が、私の目に、ありありと浮かんできます。

　1996年6月、私は、コスタリカから、メキシコのベラクルス国際空港に向かいました。アメリカへの経由地として、メキシコに立ち寄ることができたのです。その機中、私は一詩を詠みました。

「おお！
　偉大なるメキシコ
　わが恩師が愛し　憧れし天地よ
『待っていた。
　みんな待っていたよ』――

夢への飛翔は「今ここから！」　153

恩師が　夢見し
　不思議なる縁の同志よ！……」

　空港のロビーに降り立つと、そこには、戸田先生の夢見た通りの世界が広がっていました。熱気に満ちた数百人の友。生き生きと輝く瞳。はじける信仰の大歓喜に、私の胸も揺さぶられました。
　わずかな時間でしたが、勇み集った同志と共に永遠の時を刻む思いで、記念撮影も行いました。
　「どうか、一人ももれなく、力強く生き抜いてほしい。幸せになっていただきたい」――私は、メキシコの全同志の人生勝利を祈りつつ、滑走路へ向かう飛行機の機窓から、空港ビルで手を振るメンバーにカメラを向けました。
　機中で、私は即興の詩を詠み、再度、友に贈りました。

「……ここにも　懐かしき
　創価の友がいた
　ここにも　使命に燃える
　地涌の友がいた」

ベラクルス国際空港のロビーで、メキシコの友を激励される池田先生（1996年6月）。あの出会いから20数年、未来部のメンバーは立派な広布と社会の人材に成長しています

夢への飛翔は「今ここから！」　155

「努力する才能」に勝るものはなし。
喜び勇んで挑戦を！

あの日、ベラクルス国際空港で、青・黄・赤の旗を振って、真心の歓迎をしてくれた少年少女に、私は語りかけました。

「皆さん、ありがとう！ 皆さんのことは、忘れません。大きくなったら、日本にいらっしゃい！」

その中に、「ヨウコソ！」と日本語で花束を手渡してくれた、一人の少女がいました。私の呼びかけに、少女は、「いつか、必ず日本に行こう！」と固く決意したといいます。

メキシコから遠く離れた日本までは、飛行機でも丸1日を要します。お金の工面も大変です。それでも彼女は、夢を思い描き、心躍らせながら、「どうすれば、日本に行けるか」と具体的に祈り、一生懸命、勉強を重ねました。

その後、大学、大学院を経て、大手の石油会社に就職。社会で実証を示しながら、白蓮グループなど学会活動に元気に励みました。そして2011年のSGI研修会に、女子部のリーダーとして、念願の来日を果たしたのです。

私は妻と、その報を聞き、「本当に来てくれたんだね。うれしい！」と伝えました。彼女は、「創価の心を、メキシコ中に広げていきます！」と、今日もメキシコ広布に走り抜いています。

メキシコで最も著名なピアニストの一人、アレハンドロ・マ

トスさんとの出会いも忘れられません。1981年3月5日、メキシコ・ハリスコ州の芸術局長だったお父さまが、私たちをグアダラハラ市のご自宅に招いてくださったのです。

　当時、16歳で、ピアニストを目指していたマトス青年は、瞳を輝かせて、ピアノ演奏を披露してくれました。その流麗な響きに、美しい心と大きな可能性を感じ、私は真剣にエールを送りました。「大音楽家になってください」「何があっても負けないで！」と。

　以来、「皆に勇気を送る音楽家に！」と志も高く、ピアノの練習に力を注ぎ、今や、マトスさんは、音楽の国オーストリアから国家勲章を受章するほどの世界的なピアニストとして輝き光っています。私たちとの心の交流も、深く続いています。

　夢をかなえた人たちに共通していること──それは「根性」であり「努力」です。

　「結局は『努力より才能』だ」という大人もいるかもしれない。しかし、私は断言します。

　「『努力する才能』に勝るものはない」。それは、「誰にも等しくそなわっている」と。

　努力を重ねても、思うようにいかないこともある。悔しい思いをし、失敗に傷つくこともある。しかし、努力する中でこそ、人格は磨かれる。人間としての深みが増し、強く、優しくなれる。

夢への飛翔は「今ここから！」　157

1971年、私が、高校生の時から見守ってきた一人の青年が、メキシコへ雄飛しました。その時、私は、あえて厳しく言いました。

「外国に行くのだから、大変です。生やさしいものではありません。根性の人になりなさい。努力の人になりなさい。根無し草になってはいけない」と。

彼は、根性を発揮し、努力を重ねて、メキシコ初の日本人公認会計士となり、メキシコの同志に大いに尽くしてくれました。

300年前のメキシコで活躍した偉大な詩人ソル・フアナは、きっぱりと宣言しました。

「私は宝も財産も望まない。喜ばしいことは知性を豊かにすることである」

圧倒的な男性優位の時代に、学問の道を志した少女ソル・フアナは、本を友として、「読んでまたさらに読む」という努力を繰り返しました。

すると、彼女は1つのことに気づきました。

「ひとつの分野が他の分野の妨げにならないばかりか、たがいに補助しあって、相互の異同（＝違い）と隠れた関連によって光を当てあい、道を開きあうことになる」

そして、力をつけた若きソル・フアナは、どんな傲慢な学者らと討論しても、毅然と論破していったと伝えられます。

1981年2月、ソル・フアナ最高学術院のガリンド院長と会見(メキシコ市の大統領府)。院長は2007年10月、女性教育の殿堂・人文統合大学の学長として、池田先生に外国人初の「名誉人文学博士号」を授与しました

　学べば学ぶほど、努力をすればするほど、学んだことや努力したことが互いに助け合って、「道」を開いてくれる。ここに気づけば、学ぶ努力ほど楽しいものはない。無駄な努力は1つもありません。

　未来を担う皆さんには、伸び伸びと学んでいただきたい。得意なものは、もっと得意に。その努力は、苦手なものさえ得意なものに変えてくれます。得意なものが見つからなくても、焦る必要はありません。いろいろチャレンジして、学んでみよう。

夢への飛翔は「今ここから！」　159

自分らしい得意な道が、必ず見つかります。

皆さんは、若き朗らかな「努力博士」になってください。

メキシコは、日常の中に音楽とダンスがある、文化薫る国です。街中でも、家でも、陽気な音楽が響き、ダンスが始まります。

1981年の訪問では、メキシコSGIの親善文化祭に出席しました(3月1日、メキシコ市内)。各地の伝統音楽に合わせ、色彩豊かな民族衣装をまとったメンバーが笑顔を輝かせて踊ってくれた姿が忘れられません。皆、仕事や勉強などで多忙な中、練習に挑戦してきたのです。未来部も、鼓笛隊をはじめとして大活躍でした。

私は、法華経に説かれる「地涌の菩薩」を見る思いがしました。

地涌の菩薩は、悩み苦しむ人々を救うため、大地から涌き出てきた、仏の直弟子たちです。その活躍の場は、末法の娑婆世界という人の心や思想が乱れた現実世界です。正しい教えを弘めるにも、困難や反発があります。

しかし、日蓮大聖人は、「(地涌の菩薩のリーダーである)上行菩薩が大地から出現された時は、踊り出てこられた」(御書1300ジー、趣意)と仰せです。地涌の菩薩は、苦難を前に「踊りなが

ら」喜び勇んで出現したのです。

その「地涌」の力を最大限に引き出す源泉が、日々の勤行・唱題です。

題目を唱えると、不思議と心が躍ります。「歓喜の中の大歓喜」がこみ上げてきます。「僕には可能性がある!」「私は困難に負けない!」と、生命の奥底から決意できます。

ゆえに、題目を唱える人は、希望を創りゆく勇者なのです。

現代メキシコの詩人で作家のオクタビオ・パスは、作品の中で、希望の光を見失わせようとする「心の闇」に、こう言い放ちます。「時間の中では、一分一分が永遠の種子なのだ」「我々は時の子供、時こそは希望さ」と。

「いつか」ではない。「今」です。

今この時に題目を唱えて、踏み出す一歩が、永遠に輝きわたる希望の未来を開きます。

さあ、「すべてが今ここから始まる!」と勇気の翼を広げて、私と一緒に、使命の大空へ、大きく高くフライトしよう!

※ソル・フアナの言葉は『知への賛歌　修道女フアナの手紙』旦敬介訳（光文社）ほか。オクタビオ・パスの言葉は『ラテンアメリカ文学選集③　くもり空』井上義一・飯島みどり訳（現代企画室）。

14. スペインの石垣

一人の大情熱が時代を動かす

♪この世の誇りと　使命をば
　情熱燃ゆる　君もまた
　勝利の旗の　走者なり……
（「正義の走者」から）

　今日も私の執務室には、未来部の友の歌声が響いています。
　この「情熱」という言葉が、私は大好きです。
　若き日から今日にいたるまで、恩師・戸田城聖先生に示していただいた「広宣流布」即「世界平和」という大ロマンに、情熱を燃やしてきました。
　情熱は青春の炎です。
　わが心に情熱が燃えている限り、絶対に行き詰まらない。朗らかに勝ち進んでいけるのです。

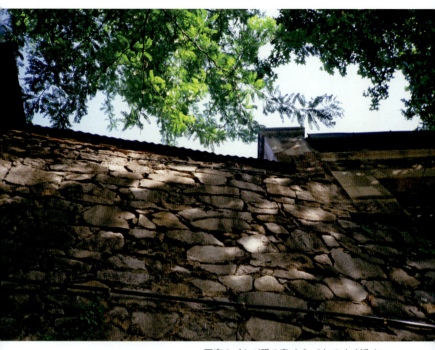

画家のゴヤが眠る廟(びょう)のすぐ近くには、立派な石垣が築かれています。池田先生は、石と石が見事なスクラムを組んで並ぶ光景をカメラに収めました(1983年6月)

一人の大情熱が時代を動かす　163

SGIのスペイン文化会館で行われた宗教間対話シンポジウム。仏教、キリスト教、イスラム、バハーイー教などの各団体が「ユートピアと宗教」等のテーマをめぐり意見交換しました（2016年4月）

　「情熱」と聞くと、私は真っ先に思い浮かべる国があります。ヨーロッパの太陽スペインです。

　最初に訪問したのは、1961年の10月でした。再びの訪問は1983年の6月です。

　南欧特有の強い日差しに包まれるスペインは、まさに情熱的で、私が出会った人々は、皆、明るく陽気でした。いかなる障害もはね返す心の強さを持っています。

皆さんの中には、世界最高レベルのスペインのサッカーリーグを応援している人もいるでしょう。

　歴史上、スペインの大地は、地中海、西欧、イスラムなど、さまざまな文明が〝交錯する地〟として、多様な文化を育んできました。

　その豊かな精神性は、世界史に輝く芸術家を生み出しています。小説『ドン・キホーテ』の作者セルバンテスや、画家のゴヤ、ピカソ、音楽家のカザルス、建築家のガウディ……。皆、心に情熱の炎を燃やし、創造の最高峰に挑戦しました。

　スペインSGIも価値創造の人材を育み、社会貢献の活動として宗教間対話を進めています。スペイン文化会館を〝対話の広場〟として、21世紀の平和の連帯を広げているのです。

　スペインは「国土の3分の1が石」と言われるほど石材が豊富な「石の文化」の国です。

　首都マドリードにも石造りの歴史的建造物が、美しく立ち並んでいました。中でも、ひときわ美しい王宮が、市内の中心部で端正な外観を見せてくれます。すぐ北には、セルバンテスを記念してつくられたスペイン広場が開け、ドン・キホーテ像が立っています。

　ここから西に向かうと、ゴヤの眠る廟があり、近くには見事な石垣が築かれていました。

　大きな石、小さな石、丸い石、多角形の石……どれ1つ欠

一人の大情熱が時代を動かす　165

けてはならない絶妙な位置を占め、石たちは美しいスクラムを組んで並んでいます。木漏れ日が風に揺れ、光と影のダンスが石垣に映し出されていました。私は、この〝巧まざる美の結晶〟を見つめ、シャッターを切りました。

✈ ✈ ✈

「私は、やり切った」そう言える 1 日 1 日を飾れ

陽光輝くスペインにも、「影の時代」がありました。1939年、独裁者の率いる軍隊が首都を占領したのです。共和国体制が崩壊し、約 40 年にわたって非民主的な政権が続きました。

1961 年、私が第一歩をしるしたのは、その渦中でした。当時、スペインには創価の同志は、まだいませんでした。私は、宿舎で勤行・唱題し、国家の平和と安穏、そして、やがて地涌の菩薩が陸続と躍り出ることを深く祈念しました。

1975 年、独裁者の死去とともに、堰を切ったように民主化が進められました。新憲法の誕生、ヨーロッパ共同体（EC）への加盟、そして飛躍的な経済成長……。人々の情熱は、「スペインの奇跡」といわれる大発展の道を開いたのです。

この天地に良心の光を放ってきた、私の大切な友人がいます。

リカルド・ディエス＝ホフライトネル博士です。博士と私は 1928 年生まれの同い年です。

これまでユネスコ（国連教育科学文化機関）や世界銀行などの重職を歴任されてきました。そして、環境問題にいち早く警鐘を鳴らした知性の世界的ネットワーク「ローマクラブ」の第３代会長として、地球社会のために行動してこられたのです。

　ホフライトネル博士とは、1991年の６月、フランス・パリ郊外の「ビクトル・ユゴー文学記念館」開館式で初めてお会いしました。誠実な人柄、柔和な笑顔、きびきびとした身のこなしから、鍛え抜かれた精神の闘士の風格が伝わってきました。以来、何度も語らいを重ね、対談集『見つめあう西と東』（第三文明社）を発刊しました。

　博士は、世界を飛び回る真情を、私に語ってくださいました。

　「『明日では遅すぎる。今日、何かしなければ』という危機感に突き動かされて、働いています。人類の直面している問題が、あまりにも大きく、深刻で、緊急を要するものですから。自分のしている貢献は、あまりにも小さい。人類のために、もっと何かしなければならない。そう思って、動いているのです」と。

　その深い心、その真剣な情熱に、私は感動しました。

　皆さんは今、かけがえのない青春の真っただ中です。勉強や読書はもちろん、部活動や委員会の活動も、さらに未来部の活動も大変だし、あまりに地道に思える時もあるでしょう。で

一人の大情熱が時代を動かす　*167*

も、今しか経験できないことばかりです。

仏法では、「一日の命は、宇宙の全財産を集めた以上の宝である」（御書986ジ、通解）と説かれます。

だからこそ、「私は、やり切った」といえる1日1日を飾ってほしい。博士のように、「今日、やろう」「今、やっておこう」と情熱を燃やす、挑戦の日々を送っていただきたいのです。そこに、未来のため、世界のため、人類のために発揮していく無限のエネルギーが蓄えられていくからです。

英知光るホフライトネル博士に大きな影響を与えたのは、お父さまでした。

お父さまは、地方の貧しい農村に生まれ、勉学に励むために、独自の伝統と文化をもつスペイン北部・バスク地方の街に出ました。家計が苦しい中、懸命に勉強を重ね、大学に進学。バスク語の起源の研究に従事しました。

後に『スペイン語語源辞典』をはじめ、多くの辞典を編纂されています。努力の末、実に14カ国語も話せるようになったのです。

その〝負けじ魂〟の情熱を受け継いで、ホフライトネル青年も「世界市民」の資質を磨きました。

お父さまは、言語を単なるコミュニケーションの手段としてではなく、それぞれの国の文化を理解する一環として、博士に習得させました。それは、母国スペインへの深い理解にもつな

1992年5月、池田先生と奥様はローマクラブ会長のホフライトネル博士ご夫妻を歓迎しました（東京都内）

がりました。

　お父さまからのアドバイスに——「世界に関心を持つ国際人の君に言っておきたい。さまざまな人と対話し、その人々を理解するためには、自分のルーツ（文化的伝統）を深めていかねばならない」と。

　博士は、お父さまの指針を忘れず、祖国の文化や伝統を誇り高く身につけました。そして、6カ国語を駆使しながら世界に"平和の石垣"をつくる思いで東奔西走してこられたのです。

皆さんも「われ地涌の菩薩なり」という創価の誉れの文化と伝統を胸に、スケールの大きな世界市民に育ってください。

　異なった石が互いを補い、組み合わさって、崩れないものができあがる。これが石垣です。同じように、お互いの差異を認め、尊重し合う人間の連帯から、堅固な〝平和の石垣〟が築かれます。

　博士は、自身の経験を踏まえ、「人類は、まず自分自身を見つめる必要があります。人は自分のできることの大きさを知れば、より深い思いやりをもって他の人と接することができる」と語ります。

　誰かと自分を比べて、人を羨んだり、自分を卑下したりする必要はない。反対に人を見下したり、自分が偉ぶったりしてもならない。そうした心が、人間や自然への暴力である戦争や地球環境の破壊を引き起こすと指摘されるのです。

　ゆえに「自分自身を見つめよ」。そうすれば、自分を形作る文化や伝統の豊かさに気付くとともに、人にも自分とは違った豊かさがあり、その奥には自分も他者も「同じ人間」「同じ生命」という、信ずべき大地が広がっていることが分かるからです。

　私が友情を結んできた「世界市民」のリーダーたちも、皆、

平和のためにまず〝自分ができることは何か〟を考え、情熱を燃やして、一心に行動されています。不可能に思えるようなことが立ちはだかっても、自分を信じ、友を信じてスクラムを組み、困難を乗り越えていく。ホフライトネル博士は、その偉大な模範の一人です。

博士たちのように、自分の可能性を大きく開花させるために大事なことは何か。

それは、「自分の持てる力を、全部、出し切っていこう」と情熱を燃やし、たゆまず努力を重ねることです。力を出し切れば、昨日の自分より必ず一歩前進できる。自分の可能性に気付くことができる。「やればできる」と自信がもてる。その源泉が、日々の勤行・唱題なのです。

日蓮大聖人は、「一生成仏抄」に仰せになられました。

「衆生に本来具わる妙理とは、妙法蓮華経のことである。ゆえに、妙法蓮華経と唱えれば、衆生に本来具わる妙理を自身の生命の中に見ていることになるのである」（御書383ᵖ、通解）と。

唱題すること自体が、自分自身の「無限の可能性」を見つめ、引き出していく姿なのです。

真剣に祈れば、「負けるもんか！」と不屈の勇気が湧き上がる。「よし、やろう！」「こうしてみよう！」と前進の智慧がみなぎる。「必ず勝ってみせる！」と情熱の誓いが生まれ

るのです。

　こうした日々の努力が、自分を輝かせていく。その人が、他の人の努力を大切に思える。羨むことなく、尊敬できるのです。

　スペインでも、私の信頼する青年たちが、この通りの情熱と友情のスクラムを組んで、幾多の試練を乗り越えて、社会に揺るぎない信頼を広げてくれています。

　一人の心に灯った大情熱が、友から友へ、国から国へと連鎖していった時、〝平和の石垣〟は、必ずや築くことができる。世界の闇を照らしゆく人間革命の〝希望の松明〟を、私は皆さんに託したいのです。

　私も妻も、皆さんの健康と成長、前進と勝利を、真剣に祈っています。

　スペインの大建築家ガウディは言いました。

「絶え間なく積み重ねを続けなければならない」

「注がれた努力はすべて、最終結果に反映される」

　君の、貴女の、情熱の花を、絶え間なき努力で広げた自身の大地に開花させていこう！

※ガウディの言葉は『建築家ガウディ全語録』鳥居徳敏編・訳・注解（中央公論美術出版）。

池田先生はアメリカ・ニューヨーク文化会館を初訪問。未来を担うメンバーに、大きな期待を寄せられました(1996年6月)

15. ウィーンの街角（まちかど）

心に「平和のフォートレス（要塞ようさい）」を

　魂たましいを揺さぶらずにはおかない美しいメロディー、命が躍動する力ちからづよいリズム、皆の心を1つに結ぶ妙なるハーモニー……。音楽は、人類のかけがえのない宝です。

　皆さんは、どんな音楽が好きですか？

　私は若い頃から、ベートーベンの交響曲が大好きでした。「運命」として有名な第5番や、「歓喜かんきの歌」の合唱がある第9番は、私の青春をどれほど励まし、鼓舞こぶしてくれたことか。名曲が流れ始めると、私の質素なアパートの一室も、「芸術の心の王宮」に一変したのです。

　ベートーベンやブラームス、モーツァルト、ハイドンなど、多くの偉大な音楽家が活躍した天地が、オーストリアのウィーンです。

　石畳いしだたみに響く馬車のひづめの音。カフェから聞こえてくるバイオリンの音色ねいろ。人々のにぎやかな語らい——この町を包むすべ

「中欧のローマ」と謳われ、長く欧州世界の〝文化の守り手〟となってきたオーストリアの首都ウィーン。その街並みは、ベートーベンやモーツァルトをはじめ、多くの芸術家たちに愛されました(1992年6月、池田先生撮影)

心に「平和のフォートレス(要塞)」を　175

ての音が、まるで1曲の交響曲となって胸に響いてきます。

1992年6月、私はウィーンを訪れました。行事の合間を縫って、大芸術家を育んだ「永遠の文化の都」の街角を、青年たちと歩きました。

凜々しい青年たちとの闊達な語らいが「主旋律」とすれば、そよ風に揺れる新緑や、厳かに鳴りわたる鐘の音は「伴奏」でした。私たちの〝希望を奏でる対話〟を祝福してくれているような！

先哲や芸術家たちも、このように語り合ったのだろうか——歴史を偲びながら、私は気品漂う街並みにカメラを向けました。

✈　✈　✈

目の前にいる人を深く思いやる。それが文化の魂

ウィーンの人々は、誇りを込めて語ります。「この町は、文化によって舗装されているのだ」と。

西ヨーロッパと東ヨーロッパの接点に位置するウィーンは、交通の要衝として栄えました。それゆえ、幾度となく軍隊の攻撃にさらされる試練も味わってきました。

そこで中世には、町一帯を囲むように強固な市壁が建設されたのです。その壁は、19世紀に取り壊され、首都の骨格となる環状道路「リング」が造られました。

通りに沿って、市庁舎の左右に国会議事堂とウィーン大学が配置されています。幾多の皇帝を出したハプスブルク家の王宮を挟んで、国立歌劇場とブルク劇場があります。

　ウィーンの人々は、かつての市壁の跡に、平和を守る〝文化と教育のフォートレス（要塞）〟を築いたのです。

　文化とは――

　暴力に対する平和の戦いです。野蛮に対する人間性の戦いです。悲劇をも喜びの劇へ転じゆく希望の戦いです。

　皆さんは「文化」と聞くと、どんなイメージが浮かびますか？

　「僕には音楽の才能がない」「私には絵心がない」などと、自分は文化とは縁遠いと感じている人もいるかもしれません。でも、実は、真の文化は、生活の中に、皆さんの身近にこそあります。

　それは、〝目の前にいる人に、喜んでもらいたい。笑顔を広げたい。希望を送りたい〟という、他者への思いやりだからです。その真心こそが、平和を築く「文化の魂」なのです。

　皆さんのお父さん、お母さんは、日々、友のために走り回っている。「励ましの文化」を、地域に広げゆく〝妙法の大芸術家〟です。

　若くして仏法を持った皆さんは、この偉大な〝創価の大文化運動〟の主役であり、〝世界平和の善の連帯〟の要となりゆく人なのです。

心に「平和のフォートレス（要塞）」を　*177*

✈ ✈ ✈

「すべては平和に尽きます。是が非でも平和を守っていく
──これが1番大切です」

　私にこう語られたのは、オーストリアの元文部次官で、ソプ
ラノ歌手としても名高い、ユッタ・ウンカルト＝サイフェル
ト博士です。

　独裁者ヒトラーが率いたナチスの侵攻と連合軍の空襲によっ
て荒廃した第2次世界大戦後のウィーンで、博士は少女時代
を過ごしました。

　サイフェルト博士のモットーは「意志あるところ、必ず道あ
り」です。目が不自由なご両親を支えながら、幼少の頃から歌
や楽器に親しみました。大学では文学、哲学、古典文献学と、
「興味のあることは全部」というほど、貪欲なまでに学び抜き
ました。そして、文化行政のスペシャリストとしても、青年の
育成や文化交流に尽力し、平和な世界の建設に献身してこられ
たのです。

　博士が、自らの使命として心掛けてこられたことがありま
す。それは、「人間の中へ、民衆の中へ、光をもたらす」との
信条です。

　ウィーン大学で哲学博士号を取得されたサイフェルト博士
は、ナチスやその非道の糾明に、深く関わってこられました。

178　15. ウィーンの街角

哲学博士であり高名なソプラノ歌手のサイフェルト博士が池田先生を歓迎(1992年6月、ウィーンの文部省)。1989年以来の博士との語らいは対談集『生命(いのち)の光 母の歌』に結実しました

　戦時中、人々が、あのヒトラーの曲を歌いながら歩いていた狂気の歴史を通し、「音楽や美術、そして劇場や視覚芸術も、それを用いる人の思想によっては、危険な武器となりかねません」と、鋭く洞察されています。

　文化が平和の力となるためには、それを生み出す人間がどうか、何ものにも揺るがない「自分」を持っているかどうか、ということに尽きるでしょう。

　ゆえに、人間を創るしかない。

心に「平和のフォートレス(要塞)」を　179

正義の人材を育成する以外に、真の平和の道はありえない
——私は、その信念のもとに、創価大学を創立するにあたり、
「建学の精神」として、次の3点を掲げました。

　一、人間教育の最高学府たれ
　一、新しき大文化建設の揺籃たれ
　一、人類の平和を守るフォートレス（要塞）たれ

　世界の多くの識者・教育者が、この「建学の精神」に注目
されています。気高き精神の旗のもとに、若き俊英たちが陸
続と集ってくれています。わが創価大学は今や、人間主義の
英才たちが世界に羽ばたく、〝平和のフォートレス〟に大発展
しました。
　これからも、多くの人材が集い来り、次代を拓く〝平和の闘
士〟が育ちゆくことを、創立者として心待ちにしています。
　8月14日は、私が恩師・戸田城聖先生と初めてお会いした
日です。
　1947年のこの日、私は友人から、「生命哲学の会合がある」
と誘われ、初めて創価学会の座談会に参加しました。
　当時、私は19歳。暗い戦後の混乱の中で、人生の座標とな
る確かな哲学の光を求めていました。
　真夏の蒸し暑い日でした。会場に入ると、度の強い眼鏡を掛

けた壮年が、確信を込めて語っておられました。

　それが、戸田先生でした。

　講義が終わると、懇談に移りました。私は友人に促され、先生にごあいさつしました。

　あの時の、先生の慈愛溢れる眼差しは、今も忘れることができません。

　「先生、正しい人生とは、どういう人生をいうのでしょうか」等、さまざまな質問をぶつけると、先生は1つ1つ、真剣に誠実に答えてくださいました。

　戦争中、軍部政府による2年間の投獄にも屈しなかった、平和と正義の信念が漲っていました。

　私は「この人なら信じられる」と、10日後の8月24日、入信し、創価学会の一員となったのです。

　出会いの日、戸田先生が講義されていたのが、日蓮大聖人の「立正安国論」です。

　この「立正安国」、すなわち「民衆の幸福」と「世界の平和」が、戸田先生の弟子として、私の人生を貫く命題となりました。

　高等部員の中には、教学部任用試験で、「立正安国」について学んだメンバーもいると思います。

　「立正」とは、人々が正しい仏法を信じること、また、仏法の生命尊厳の精神が、社会を支え動かす基本原理として確立さ

心に「平和のフォートレス（要塞）」を　181

れることをいいます。

「安国」とは、社会の平和や繁栄、人々の生活の安穏を実現することです。

未来部の皆さんにとっては――まず自分自身の胸中に、「学ぶ心」「挑戦する心」「諦めない心」を打ち立てることです。日々、真剣に祈り、勉学やクラブ活動などに、粘り強く取り組む。その姿で、友に勇気と希望を送る「師子王」に成長していくこと。こうした執念のチャレンジが、身近な「立正」の行動でしょう。

そして、仲良く麗しい友情を結び広げ、いじめを絶対に許さない環境をつくっていくことです。親孝行の賢者となって、父母の笑顔を咲かせゆくことです。こうした誠実な振る舞いが「安国」に通じるでしょう。

ウィーンはニューヨーク、ジュネーブに続く、第3の国連都市として、ヨーロッパの精神と平和を支える都でもあります。旧市街を抜ければ、国連の事務局等が置かれている「ウィーン国際センター」が、私たちを迎えてくれます。

国連のユネスコ憲章の前文には、こう掲げられています。

「戦争は人の心の中で生まれるものであるから、人の心の中に平和のとりでを築かなければならない」

池田先生は市立公園を訪れ、待っていた少年少女と手をつないで一緒に散策されました（1992年6月、ウィーン市内）

　一人ひとりの心の中に、戦争を絶対に許さない「平和のとりで」を打ち立てていく――これが、まさに「立正安国」です。この平和の闘争を、私たちは「広宣流布」と呼んでいるのです。
　東欧の「人権の革命」を支援した、オーストリアのフラニツキ首相と語り合った折、首相は力強く明言しておられました。
　「『平和を望むなら、戦争の準備をせよ』というラテン語の格言があります。しかし、これを私は、こう置き換えて行動しているのです。『平和を望むなら、平和の準備をせよ』と」

心に「平和のフォートレス（要塞）」を　　183

平和の準備──皆さんの生活の中でも、できることはたくさんあります。

負けじ魂で勉学に挑み、庶民を守りゆく正義の力をつける。

生涯の宝となる友情を結び、思いやりの心を広げていく。

親孝行の賢者として父母の恩を知り、成長を誓う。

その1つ1つが、何よりも強固で、何よりも永続的な「平和のフォートレス」と輝いていくのです。

うれしいことに、あの1992年、ウィーンで語り合った青年たちも、今や立派なリーダーとなって、活躍してくれています。

仏法では、「未来の果を知らんと欲せば其の現在の因を見よ」（御書231㌻）と説かれます。

皆さん一人ひとりの現在の努力の金の汗が、平和の黄金の未来を創ります。

どうか、1日また1日、若き生命に希望と勇気の曲を轟かせながら、明るく朗らかに一歩また一歩、前進していってください。

※参考文献は、アン・ティツィア・ライティヒ著、江村洋訳『女帝マリア・テレジア』（谷沢書房）。河野純一著『ハプスブルク三都物語』（中公新書）。小宮正安著『ヨハン・シュトラウス』（中公新書）。

池田先生は、ハーバード大学での記念講演の翌日、元気な未来っ子達と記念撮影をされました(1991年9月、アメリカのボストン会館)

16. 獅子の国　ブルガリア

「学」こそ創価の魂なり！

　いつ、どこにあっても、自分が今いる場所から、希望を創り広げていける力があります。

　それは「学びの心」です。

　このことを教えてくださったのが、私たち創価学会の創立の父・牧口常三郎先生です。

　牧口先生は、皆さんと同じくらいの年代から働き始めました。その中で、わずかな時間を見つけて本を開き、熱心に学んでいったのです。周りの人たちも「勉強給仕」と呼んで、応援してくれました。

　やがて、大教育者となってからも、牧口先生の「学びの心」は、いささかも変わりませんでした。

　戦争中、軍国主義と戦って囚われた牢獄でも、学び続けられました。獄中からのお手紙には、「青年時代からあこがれていた本が読めるので、かえって幸いである」とまで書かれて

ブルガリアの国のシンボルは「獅子」。古都プロブディフの町並みにも格調の高さが。池田先生は恩師・戸田先生と共に仙台の青葉城址から見た風景を思いながら、シャッターを切りました（1981年5月）

「学」こそ創価の魂なり！

います。

　毎年、巡りくる11月18日は、この牧口先生が、愛弟子である戸田城聖先生と共に、「創価学会」という「価値を創造する学びの会」を創立した記念日です（1930年）。そしてまた、牧口先生が、最後の最後まで学び抜き、正義の信念を貫き通して獄死された日でもあります（1944年）。

　ゆえに、この日は、私たちが、牧口先生の「学は光」「学ばずは卑し」との信念を受け継ぎ、平和と正義の指導者へ成長を誓い合う日なのです。

　学び続ける人は、英知を光らせて前進する賢者です。

　学び続ける人は、いかなる苦難も恐れない勇者です。

　学び続ける人は、自他共の幸福と平和を創造する勝者です。

　私は、後継の君たち、あなたたちと、共々に宣言したい。

　「学こそ創価の魂なり！」と。

「学びの心」があれば
いつでも どこでも希望は創れる

　世界の中で「知恵」を意味する名前をもった「学の都」があります。ブルガリアの首都ソフィアです。

　「獅子の国」とたたえられるブルガリアは、ヨーロッパ南東部のバルカン半島にあります。私が訪問した1981年は、建

ブルガリアは「合唱の国」。池田先生を少年合唱団が歓迎。ブルガリア語、ロシア語、日本語の歌を披露しました（1981年5月、プロブディフ）

国1300年の佳節でした。

　ブルガリアは「合唱の国」としても知られています。いずこでも、合唱団の皆さんが、すばらしい歌声で、私たちを歓迎してくれました。

　少年合唱団の皆さんが、私たちのために練習した日本の歌を上手な日本語で歌い上げてくれたことも忘れられません。

　なんと、群馬の民謡「草津節（くさつぶし）」でした。

〽草津よいとこ　一度はおいで

（ア　ドッコイショ）……

　真心に感謝しつつ、私は思いました。「1度はおいで」というように、その土地の良さは、訪れてみれば、よくわかる。人も会って、話してみれば、深くわかり合える。何でも、自分の目で、耳で、心で学んでいくのだ、と。

　その頃は、世界の国々が、東側（当時のソ連を中心とする国々）と西側（アメリカ・西欧を中心とする国々）に引き裂かれ、対立していた「冷戦」のさなかでした。

　東側に位置していたブルガリアを旅する西側の人々は、多くありませんでした。でも、この国には、異なったものとの「出合い」を、衝突ではなく、平和と融合へと導く「知恵」が光っていると、私には感じられたのです。

　ヨーロッパで最古ともいわれる歴史を湛えたプロブディフという都市では、小高い丘に登りました。目の前に広がる景色は、恩師・戸田先生にお供して登った、青葉城址から見た仙台市の風景とよく似ていました。

　戸田先生は語られていました。「どこかを訪れたら、周囲を一望できる、城や丘などに立ってみることだ。すると、全体の地形がよくわかる。それは、そこで暮らしてきた人びとの心を知り、生活を理解する、大事な手がかりになるんだよ」と。

いつどんな所でも、学ぶ心を忘れなかった先生の教えです。

✈ ✈ ✈

日本から西へ西へと「シルクロード」を旅すると、バルカン半島にたどり着きます。そこから東が東洋、西が西洋です。それゆえ、バルカン半島は「文明の十字路」とも呼ばれてきました。

独創的な地理学者だった牧口先生は、「半島」は「文明の起点」であると言われました。

「文明の十字路」バルカン半島の東に位置するブルガリアもまた、アジアとヨーロッパの懸け橋として、新たな文化を発信してきました。

その1つ、この国で使用されてきた「キリル文字」は思想の伝承に貢献し、文化の基盤となってきました。ロシアや東欧など広大な地域で使われています。キリル文字創出の淵源となった先人をたたえる5月24日は、〝教育と文化の日〟として国民の祝日になっています。

私は、1981年の5月23日、首都ソフィア郊外で、この祝日の前夜祭の意義を込めた「平和の旗」の集いに出席しました。ここでも、子どもたちと忘れ得ぬ交流を結びました。民族衣装の少女たちも、美しい舞を披露してくれました。

席上、若人たちに、私は感謝を込めて、ブルガリアの文豪イ

「学」こそ創価の魂なり！　191

ヴァン・ヴァーゾフの「障害や苦難は力を鍛える恰好の場である」との言葉を贈りました。

試練が立ちはだかった時に、怯んでしまえば、どんどん追い込まれてしまいます。しかし、「さあ来い!」と迎え撃てば、必ず乗り越えられるのです。

困難は、自分をより強く、より賢くしてくれる学びのチャンスです。大変な状況にあろうとも、「学ぼう」という志があるかぎり、絶対に行き詰まりません。

ゆえに、私は申し上げたい。

学は挑戦なり
学は不屈なり
学は忍耐なり
そして、
学は勝利なり、と。

✈ ✈ ✈

滞在中、「知恵の都」の名門ソフィア大学にお招きいただき、「東西融合の緑野を求めて」と題して、講演しました。

ソフィア大学のモットーの源泉には、「汝の精神の門と、歩みゆく道を、勤勉をもって開け。書物が汝に、力強い腕を与えることだろう」という先哲の言葉があり、このもとに最優秀の

学生たちが集っています。

　講演を終えた私の胸には、この言葉が強く響いていました。そして、芳名録に記しました。

　「学問のみが世界普遍の真理なるか　学問が世界平和を左右しゆく真理なるか　学問が未来の青年への正しき指標なるか」

　その後、ソフィア大学と創価大学は学術交流協定を結び、現在まで、両国の青年たちが「教育の橋」を渡って、平和の世界市民と羽ばたいています。創立者として、嬉しいかぎりです。

　ソフィア大学には、〝学び行く者は、人間と人間の間に平和の橋を築け！〟との恩師イヴァン・ドゥイチェフ博士の教えのままに、人間のための学問に挑戦してきた女性がいます。アクシニア・ジュロヴァ博士です。博士と私は、対談集を発刊しました。その後も、対談を重ねています。

　ジュロヴァ博士は、恩師の名を冠した研究所の所長となり、師の遺志を継ぎ、その業績を後世に残す、師弟一体の戦いを続けてこられました。

　このジュロヴァ博士のお父さまは、第２次世界大戦で横暴なファシズムと戦い抜き、強制収容所での苦しい生活にも耐え抜いた闘士です。その中でも、人間を愛し、人間性を何より大事にされる方でした。

「学」こそ創価の魂なり！　193

「バラの国」としても知られるブルガリアから訪れた、ソフィア大学教授のジュロヴァ博士を、池田先生と奥さまはバラの香りと共に迎えました（2006年3月、創価大学）

博士にお父さまとの思い出を伺うと、毅然と語られました。

「父は、試練に対して忍耐強く生きること。そして、チャンスの時には、大胆に行動すること。さらに、1番難しいことですが、忍耐の時か、それとも大胆に勇気ある行動をとる時なのかを、知恵を発揮して決断することを教えてくれました」

誠に味わい深い言葉です。

今、受験や勉強、部活で壁に直面している人がいるかもしれない。しかし、壁にぶつかることは、前に進んでいる証拠です。壁を越えれば、必ず新たな景色が広がります。

試練の時には「忍耐する勇気」を、チャンスの時には「大胆に行動する勇気」を、そして、どんな時にも悠々と、油断せずに、前進していく「知恵」を発揮するのです。
　皆さんには、題目がある。御本尊に向かえば、わが生命から尽きることのない「知恵」と「勇気」を湧きいだすことができます。
　焦ることはありません。
　訪問の折、私は、小高い丘からながめた古都プロブディフの郊外に、友情の樅の木を記念植樹しました。小さな小さな苗木でした。その苗木は、風雪に耐えて成長の年月を積み重ね、今、仰ぎ見る大樹とそびえ立っています。
　当時、ブルガリアにはいなかったSGIのメンバーも、今は仲良く「行学の二道」に励みながら、良き市民として大いに社会に貢献してくれています。

　日蓮大聖人は、「願くは我が弟子等は師子王の子となりて」（御書1589㌻）と仰せになられました。
　わが学会は「師子王」の集いであり、未来部の皆さんは、一人も残らず、若き師子王です。
　師子王は恐れない。
　師子王は退かない。

「学」こそ創価の魂なり！　195

師子王は屈しない。

英知と正義の師子王として戦い抜かれた牧口先生は、「1日1日、進歩する人が、青年である」と言われました。

さあ、学びの師子王の君よ、貴女よ！

昨日までがどうであれ、今日から、今ここから、学ぶことだ。戦いを開始することだ。そうすれば自分が変わる。たとえ、すぐには勝てなくても、最後は必ず勝つ。

私は、その最後の勝利を待っています。信じています。祈っています。皆さんの眼前から、未来に向かって、学びの道は限りなく広々と、開かれているのだから！

※ヴァーゾフの言葉は『軛の下で』松永緑彌訳（恒文社）。

イギリスの未来部メンバーと触れ合い、励ましを送る池田先生（1991年6月、ロンドン近郊のタプロー・コート総合文化センター）

17. 天空輝くアメリカ・シカゴ

君よ 後継の誓い
胸に飛翔を！

　いよいよたくましく伸びゆく未来部の皆さんが、私の胸には、ひときわ輝いています。

　皆、春夏秋冬、本当によく頑張りました。私は、皆さんの努力と前進をたたえ、一人ひとりと、心の握手を交わしています。

　受験を終えた皆さんの中には、望んだ通りの結果を得られなかった人も、いるかもしれない。しかし、全員が勝利者です。なぜならば、真の勝利とは、〝最後に勝つ〟ことだからです。

　青春には、嵐の日も、吹雪の日もある。険しい坂も峰もある。けれども、題目を唱える青年に、決して行き詰まりはありません。祈り抜く若人は、1つ1つを断じて乗り越えて、痛快な逆転勝利の劇を飾っていけるのです。

　「冬は必ず春となる」と、太陽のように明るく進むのです。皆さんの使命は、自分が思っている以上に、はるかに壮大で崇

大都市・シカゴの天空に美しい虹が（1981年6月、池田先生撮影）。市内には公園局公認の「ダイサク・カネコ・イケダ平和の園」があり、SGIのシカゴ文化会館に面する通りは市議会の決議を経て、「池田大作通り」と命名されています

君よ　後継の誓い胸に飛翔を！

高です。

　私が青春時代から愛読してきた、アメリカの民衆詩人ホイットマンは、謳っています。

　「開拓者たちよ！　おお、開拓者たちよ!/ あらゆる過去は後に取り残すのだ、/ わたしたちは一層新しい、一層力に満ちた世界へ、変化した世界のうえに進出するのだ」

　「君の舞台は世界だよ」──私の恩師・戸田城聖先生の「世界広宣流布」という願いを胸に、私が海外歴訪の第一歩をしるしたのは、1960年10月でした。第3代会長に就任してから5カ月後のことです。恩師の写真を胸の内ポケットに納め、24日間で3カ国9都市を訪問しました。その1つが、アメリカのシカゴです。

　シカゴは、摩天楼と呼ばれる高層ビルがきらめく、全米屈指の経済都市です。ジャズやブルースなどの音楽の盛んな地としても有名で、私の大切な友人であるジャズピアニスト、ハービー・ハンコックさん（SGI芸術部長）のふるさとでもあります。

　私が訪問したのは、リンカーン大統領による奴隷解放宣言から、間もなく1世紀がたとうとする時でした。滞在中、大統領の名前がついた、リンカーン・パークという広大な公園を訪れました。

シカゴのリンカーン・パークに立つ「平和と正義」像。池田先生の平和への貢献をたたえ、設置されました。公園の近くには、先生が名誉博士号を贈られたデポール大学のメインキャンパスがあります

日曜日の朝だったからか、7、8歳の子どもたちがボールを蹴って遊んでいました。そばのベンチには、白髪の老人が腰掛け、声援を送っています。

　そこへ、ジャンパー姿の少年がやってきました。子どもたちも、老人も、彼のことを無視しています。少年は、〝黒人〟（アフリカ系アメリカ人）でした。

　遊んでいた子どもの一人が、ボールを蹴り損ね、尻もちをついた時のことです。仲間に入れてもらえずに見ていた黒人の少年が、大声で笑い、はやしたてました。すると老人が立ち上がり、真っ赤な顔で、黒人少年を怒鳴りつけたのです。

　少年は、老人をにらみ、何かを言った後、さっと背を向け、走り出しました。私は、彼を追いかけようと思いましたが、すぐにどこかへと消えてしまいました。

　奴隷という「制度」がなくなり100年たっても、人々の心には、まだ「差別」という人間を分断する心の壁が残っていました。

　私は、少年の姿を目に焼き付け、誓いました。「君が本当に愛し、誇りに思える社会を、きっとつくるからね」と――。

　未来部時代から、いじめに負けず、自らの宿命にも負けず、祈りと努力で、人生を切り開いてきたシカゴの同志がいます。

全米の婦人部長を務めた彼女は、アフリカ系アメリカ人の父と、日本人の母の間に生まれました。お母さまは、広島で原爆に遭った方です。

　彼女は、幼いころ、ひどいいじめを受け、友人も家族も、そして自分自身も憎むような、苦しい毎日が続きました。

　やがて、お母さまがSGIに入会します。明るく変わった母の姿に感動し、彼女もお題目を唱えるようになりました。

　私が彼女と初めて会ったのは、1980年10月、シカゴで開かれた文化祭でのことでした。当時、彼女たち7人きょうだいは、家計を支えるためにバンドを組み、プロとして活動していました。この日も、生命に響く、素晴らしい演奏を披露してくれました。

　私は、ご家族の希望の未来を信じ、「母の曲　誇りかがやけ　王者の子」との句を詠み贈りました。

　この文化祭を機に、彼女は、さらに題目を真剣に唱えながら、重い病気や経済苦を克服していきます。学びに学んで大学へ進学し、後に博士号も取得しました。全米各界の人材を育成するために、貴重な教育のプログラムも提供されてきました。2人のお子さんにも恵まれ、家族全員が、広宣流布の最前線で戦っています。

　日蓮大聖人は、「妙とは蘇生の義なり蘇生と申すはよみがへる義なり」（御書947ページ）と仰せです。

あらゆる苦難を、蘇生のドラマへの飛躍台にしていける。これが、仏法の偉大な功力なのです。

その一人の人間革命が、家庭を変え、社会を変え、やがて全人類の宿命をも転換していくのです。

多民族が暮らし、格差と社会の分断など複雑な問題をかかえるシカゴを舞台に、SGIのメンバーは、見事なる蘇生のドラマを演じて、一人また一人と友の心に希望の虹をかけています。

こうしたアメリカの同志の姿に、シカゴをはじめ全米各地の地域社会や識者の方々から、多くの賞讃の声が寄せられています。

その一人が、歴史学者ビンセント・ハーディング博士です。博士は、公民権運動を通し、真の民主主義の実現へ命を懸けて行動したマーチン・ルーサー・キング博士の盟友です。

ハーディング博士は、シカゴ大学に在学中、友人と共にキング博士のもとへ旅し、人権闘争のために一緒に戦うことを誓いました。

後年、ベトナム戦争に反対するキング博士のスピーチの草稿も作成しました。博士の逝去後は、キング記念センターの初代所長を務めるなど、永遠の同志として戦い抜かれた方です。私はハーディング博士と対談集を発刊しました。

「あなたのおばあさんのお名前は、何ですか?」

ハーディング博士は、アメリカ創価大学での講演を、この問

池田先生が、ハーディング博士と会見(1996年4月、東京・創価大学)。2人の語らいは、対談集『希望の教育 平和の行進』として結実しています

い掛けから始められました。なぜ「おばあさんの名前」を聞いたのでしょうか──。

　多くの人が、祖父母の世代から大きな影響を受けて成長しています。私たちが、どういう人々から、どれほど恩を受け、育まれてきたか。その人間としての「ルーツ（根っこ）」を確かめることから、感謝の心と、互いのつながりへの自覚を深めていく。これが、博士の〝人生授業〟の核心だったのです。

　博士と私の対談でも、「人間」という大地こそが、私たちの「ルーツ」であると語り合いました。さまざまな違いへのこだわりを、1つ1つ、私たちの心から取り除いていけば、誰もが、等しく幸福と平和を求める同じ「人間」であるということが明らかになります。

　キング博士をはじめ、尊き先人の夢を受け継いで、すべての人間の尊厳性を確立しゆく行進を続けよう！──それが、ハーディング博士との語らいの結論でした。

✈　✈　✈

「自分はできる！」そう決めて祈れ。新しい黎明は「今」

　人には、それぞれの国籍、家系、学歴、職業、性格といった、さまざまな違いがあります。しかし、そうした一切の「差異」を超えて、人類には「人間」という、そして「生命」とい

206　17. 天空輝くアメリカ・シカゴ

う共通の大地があります。その生命の大地から躍り出るのが「地涌の菩薩」です。シカゴを初めて訪れた時の座談会で、私は、この「地涌の菩薩」について語り合いました。

　法華経で描かれる「地涌の菩薩」とは、はるか昔からの仏の弟子で、未来のすべての民衆を救うために、広宣流布の使命を担い、自ら誓い願って出現した、最高の菩薩のことです。つまり、人間は本来、誰もが社会の平和と幸福を実現しゆく使命をもった、永遠の同志なのです。

　「諸法実相抄」には、「日蓮と同意ならば地涌の菩薩たらんか」「末法にして妙法蓮華経の五字を弘めん者は男女はきらふべからず、皆地涌の菩薩の出現に非ずんば唱へがたき題目なり」（御書1360㌻）と仰せです。

　私たちは、大聖人に直結して、共に広宣流布を誓い合う「地涌の菩薩」です。そして今、世界広布の大いなる飛躍の時を選び、人類の平和と幸福のために共に生まれ出たのです。皆さん一人ひとりには、その計り知れない深く大きな使命と力が、厳然とあるのです。

　だから「自分はできる！」と決めて祈るのです。「自分なんて」という卑屈な心は、地涌の菩薩にはありません。自信と誇りに胸を張って、挑戦し抜いていくのです。

君よ　後継の誓い胸に飛翔を！

「地涌の菩薩」の使命に目覚めた一人が、世界を変えていく——この信念を込めて、私が小説『人間革命』の執筆を開始したのは、1964年12月。この半年前に、高等部を結成しました。翌1965年1月、中等部結成の月の元日から、「聖教新聞」で連載を始めました。

この年の8月、今の未来部夏季研修会の〝原点〟ともいえる夏季講習会が開かれました。その時、あるメンバーが質問してくれました。「小説『人間革命』の結末は、どうなるのですか？」

小説の第1巻の連載が終わる直前でした。私は、第1章を「黎明」と題したことを踏まえ、力を込めて語りました。

「結局、最後は、また黎明に戻るんだよ。黎明に始まって黎明に終わるんだ。戸田先生は、あの戦時中（第2次世界大戦）から学会の黎明を築いてこられた。戸田先生の後は、私を中心としての黎明であり、その後は君たち高等部員が、また新しい黎明をつくっていくんだ」

「黎明」には、「夜明け」や「新しい事が始まろうとすること」という意味があります。小説『人間革命』全12巻を「新・黎明」の章で完結させたのも、後継の友と新たな旅立ちを開始する決心だったからです。

私は、2018年、『新・人間革命』の第30巻の連載を完結しました。いよいよ、皆さんへと託しゆく、「師弟の道」の物

語の総仕上げの時を迎えました。

　学会創立100周年の2030年へ、次は愛弟子の未来部の皆さんが、新しい黎明の物語をつづりゆく番です。永遠に語り継がれゆく「未来までの物語」として！

　さあ、君よ！　貴女よ！　私と一緒に育み広げた「未来の翼」で、大空へ舞いゆけ！

※ホイットマンの言葉は『草の葉』富田砕花訳（第三文明社）。

長野県総会・夏季研修会に参加していた未来部員に、池田先生は「お父さん、お母さんを大切にね」と声をかけ、励まされました（1995年8月、長野研修道場）

付録

池田先生の随筆は、各国語に翻訳され、
ＳＧＩ各国の未来部向けの新聞、雑誌に掲載されています。
ここでは、「ロサンゼルスの道」の英文を紹介します。

SGI President Ikeda's Guidance for the Future Division
Spread Your Wings toward the Future

The Pacific Coast Highway in Los Angeles

It is an endless road of hopes and dreams. Whitecaps ride in powerfully from the far side of the Pacific, and the blue sky seems to go on forever. Beaches filled with people enjoying the sun, sea, and sand; the green and brown mountain ranges; cars speeding by—everything is shining brightly.

This highway, shimmering as if in celebration of the sun, is the road I always travel when visiting Los Angeles, located on the west coast of the United States. Savoring the sea breeze from inside the car, I find myself pressing my camera's shutter button.

The United States is the country where I took the first step (in October 1960) to realize the dream of worldwide kosen-rufu entrusted to me by my mentor, second Soka Gakkai president Josei Toda. Since then, I have visited 54 countries and territories, engaged in dialogues with countless people, and continued to sow the seeds of peace.

My mentor had a grand and noble vision—the dream of achieving kosen-rufu all around the globe, of ridding the world of misery. Whenever I traveled, in whatever country I visited, his words resonated in my heart: "Daisaku, you must go out into the world! In my stead!" As his successor, I have traveled around the globe to realize his dream. It has been a journey of peace to spread the dream of worldwide kosen-rufu.

And now, we are embarking on a new voyage of mentor and disciple, to realize the dream I share with you, my young friends of the future division.

Let's spread wide the wings of our hearts and set forth together toward the future!

*

Cherishing dreams and aiming toward them is a uniquely human trait, and it is a privilege of youth, in particular.

Los Angeles is a city of freedom to which people have long flocked to follow their dreams. California is known as "the Golden State." The name comes from the Gold Rush of the 1800s, when the discovery of gold brought a flood of people into the state, who built and populated its cities. Some say that California's past is America's future.

The cosmopolitan city of Los Angeles has been and still is a central stage on which people filled with the pioneering spirit live out their dreams. I have visited Los Angeles numerous times. To me, it is a capital of hope, shining with golden capable people.

I fondly remember delivering a lecture at the University of

California, Los Angeles (UCLA), 40 years ago, on April 1, 1974. In Japan, due to the time difference, it was April 2, the anniversary of my mentor's passing.

In my youth, I decided to give up pursuing university studies to dedicate myself to supporting Mr. Toda and his business ventures. Mr. Toda, therefore, wishing to provide me with an education of the highest caliber, tutored me personally in a wide range of subjects. At first, he met with me once a week on Sundays, but eventually, he began giving me early morning lessons on a daily basis.

As a proud graduate of "Toda University," I wanted to transmit what he taught me—the principles of the philosophy of respect for life—to young people of intellect around the world. My lecture at UCLA was both a realization of my mentor's dream and an effort to present his life and thought to others. Through introducing the Buddhist view of life, I called for making the 21st century a century of life.

The bright, enterprising students in the audience listened intently to my words. After the lecture, many of them came up to the podium to shake my hand.

Young minds from around the world seeking the Buddhist philosophy of humanism—"How happy Mr. Toda would be if he could see this!" I thought. I even forgot to wipe the perspiration from my forehead, as I was so eager to continue shaking hands with each person.

From that first time at UCLA, I have given a total of 32 lectures at universities and academic institutions worldwide, my mentor's vision always in my heart.

*

The mother of my dear friend, former Los Angeles mayor Tom Bradley, said that we live to dream, and that what matters is whether we have the courage and will to make our dreams come true.

Mayor Bradley studied at UCLA. He was the first African American mayor of Los Angeles. I first met him in January 1975, the year after I gave my lecture, at the Los Angeles City Hall, which commands a sweeping view of the Downtown area.

As I entered the room, Mayor Bradley, a tall man, greeted me with a warm smile. He spoke gently, with unpretentious candor and sincerity. His modest behavior revealed a shining character burnished by many trials and challenges.

Mayor Bradley's grandfather had been a slave. His father was a poor farmer, and the mayor had also worked in the cotton fields during his childhood. When Mayor Bradley was around the same age as you, our future division members, blatant discrimination against African Americans still remained in society.

For him, attending university was a dream far beyond imagination. A teacher at school told him he should abandon that idea and find a job instead. However, he refused to give up. "We live to dream"—his mother's words became a source of strength that sustained him through his struggles.

After making tremendous efforts in his studies, he was accepted to UCLA. Following graduation, he worked for the Los

Angeles Police Department for 21 years. He then became a city council member, ran for mayor, and won his second election.

Becoming a police officer was not what he originally had in mind, but with the suggestion of friends and family, he decided to take the police academy examination. That opened the way to a new and unexpected career path.

The important thing is to give your all in challenging whatever task is in front of you, and to try many things, even if you don't have a clear idea of what your dream is.

No effort is ever wasted. Each step you take forward, doing your best, eventually leads you toward success and the realization of your dreams.

There may well be times when you feel lost. But there's no need to be anxious. Even if you end up taking the long way around, make that journey an opportunity for fresh discoveries and enjoy the scenery along the way. In the process, you may find another wonderful pathway or a new dream to pursue.

What's crucial is having courage and not being afraid of failure. Please persevere with the unflagging conviction that your dreams will someday come true.

Your dreams don't have to be big. Just think of your everyday goals, such as improving your grades, getting accepted into an after-school club, being able to study abroad, maintaining good friendships, or wanting a sick family member to get better. All of these are precious dreams.

I'm sure you have many wishes that may grow into dreams. So please chant in earnest each day, make efforts to find your dreams, and fulfill them one by one.

If you ever fly by plane to Los Angeles, you'll most likely land at Los Angeles International Airport. All flights from overseas arrive at the Tom Bradley International Terminal where a bronze portrait bust of Mayor Bradley greets visitors from around the world with that familiar warm smile. I am sure he will call out to all of you:"Have a dream!"

*

Rosa Parks, a pivotal figure in the American civil rights movement, was another dear friend, whom I also met in Los Angeles (in January 1993).

Mrs. Parks fought to eradicate racial discrimination alongside civil rights leader Dr. Martin Luther King Jr., who made the famous "I Have a Dream" speech.

African Americans were discriminated against and mistreated just because of the color of their skin. In a society where African Americans were required to give up their seats on the bus to white people, Rosa Parks courageously spoke out against such injustice. And in doing so, she changed the course of history.

Mrs. Parks once wrote to a young girl, a future leader: "You can help keep hope alive by believing in yourself. Your hope for yourself and for the future can make this world a better place to live."[1]

[1] Rosa Parks, with Gregory J. Reed, *Dear Mrs. Parks: A Dialogue with Today's Youth* (New York: Lee and Low Books, Inc., 1996), p. 32.

Even though you may come up against an obstacle and feel trapped, if you expand your dreams to embrace the world, hope will well forth. And as long as you have hope, the path toward achieving your dreams will remain open.

Mrs. Parks dedicated her life to the dream of making the world a better place. In a letter of encouragement, she wrote that she held high hopes for Soka University of America (SUA).

SUA, located in Orange County, not far from Los Angeles, is the culmination of a dream shared by people around the world working for peace. Outstanding young global citizens from various countries have gathered there and are forging ahead vibrantly on the great path of realizing peace. My heart is always with these SUA students who are dedicating their youth to learning and to the pursuit of a lofty purpose on a campus that brims with the light of hope. And I'm always together in spirit with the alumni striving in their respective places of mission.

I look forward to the day when many of you, our future division members, and your friends will enter SUA as students.

*

Some days, the path of youth is bathed in warm sunshine, and some days, it is buffeted by stormy winds. During such trying times, supportive friends with whom you can advance together are a great source of strength.

Nichiren Daishonin writes: "The best way to attain

Buddhahood is to encounter a good friend."[2] If you have big dreams and press forward together with good friends, encouraging one another, you will never reach a deadlock.

You also have future division leaders and other seniors in faith who are always there to chant with you, listen to and advise you, and sincerely support you.

When I was young, I loved the works of the American poet Walt Whitman. In his poem "Song of the Open Road," from his collection *Leaves of Grass*, he calls out: "Allons [Let's go]! the road is before us!"[3]

The open road toward youthful ideals and victory in life lies before you. It is a path of mission, leading to the boundless heights of aspiration.

No matter what daunting obstacles may block your way, have no fear. Everything will be fine because you have the wings of your dreams that enable you to manifest your infinite potential, the wings of hope that ensure you are never defeated, and the wings of the future that let you soar out into the world.

---

[2] *The Writings of Nichiren Daishonin,* vol. 1, p. 598.

[3] Walt Whitman, *Leaves of Grass* (New York: Dutton, 1968), p. 34.

ＳＧＩ各国で読まれている
未来部向けの新聞・雑誌

雑誌を手に喜ぶブラジルの未来部メンバー

池田大作（いけだ・だいさく）

1928年（昭和3年）、東京生まれ。創価学会名誉会長。創価学会インタナショナル（SGI）会長。創価大学、アメリカ創価大学、創価学園、民主音楽協会、東京富士美術館、東洋哲学研究所、戸田記念国際平和研究所などを創立。世界各国の識者と対話を重ね、平和、文化、教育運動を推進。国連平和章のほか、モスクワ大学、グラスゴー大学、デンバー大学、北京大学など、世界の大学・学術機関の名誉博士、名誉教授、さらに桂冠詩人・世界民衆詩人の称号、世界桂冠詩人賞、世界平和詩人賞など多数受賞。

著書は『人間革命』（全12巻）、『新・人間革命』（全30巻）など小説のほか、対談集も『二十一世紀への対話』（A・J・トインビー）、『二十世紀の精神の教訓』（M・S・ゴルバチョフ）、『平和の哲学　寛容の智慧』（A・ワヒド）、『地球対談　輝く女性の世紀へ』（H・ヘンダーソン）など多数。

未来の翼
世界が君を待っている

発行日　2019年7月3日

著　者　池田大作

発行者　松岡　資

発行所　聖教新聞社
　　　　〒160-8070 東京都新宿区信濃町18
　　　　電話 03-3353-6111（大代表）

印刷・製本　図書印刷株式会社

定価は表紙に表示してあります
ISBN 978-4-412-01654-5
落丁・乱丁本はお取り替えいたします

© The Soka Gakkai 2019　Printed in Japan
本書の無断複写（コピー）は著作権法上での例外を除き、禁じられています

イラスト　株式会社OICHOC、松井春子